AF461351

MONT-BLANC

Récits de la guerre de 1870-71

PAR

JOSEPH MOGENIER
Ancien Lieutenant de la Compagnie

(Avec une préface de M. César DUVAL, sénateur)

ANNECY
IMPRIMERIE ABRY, ÉDITEUR

1902

Lk
236

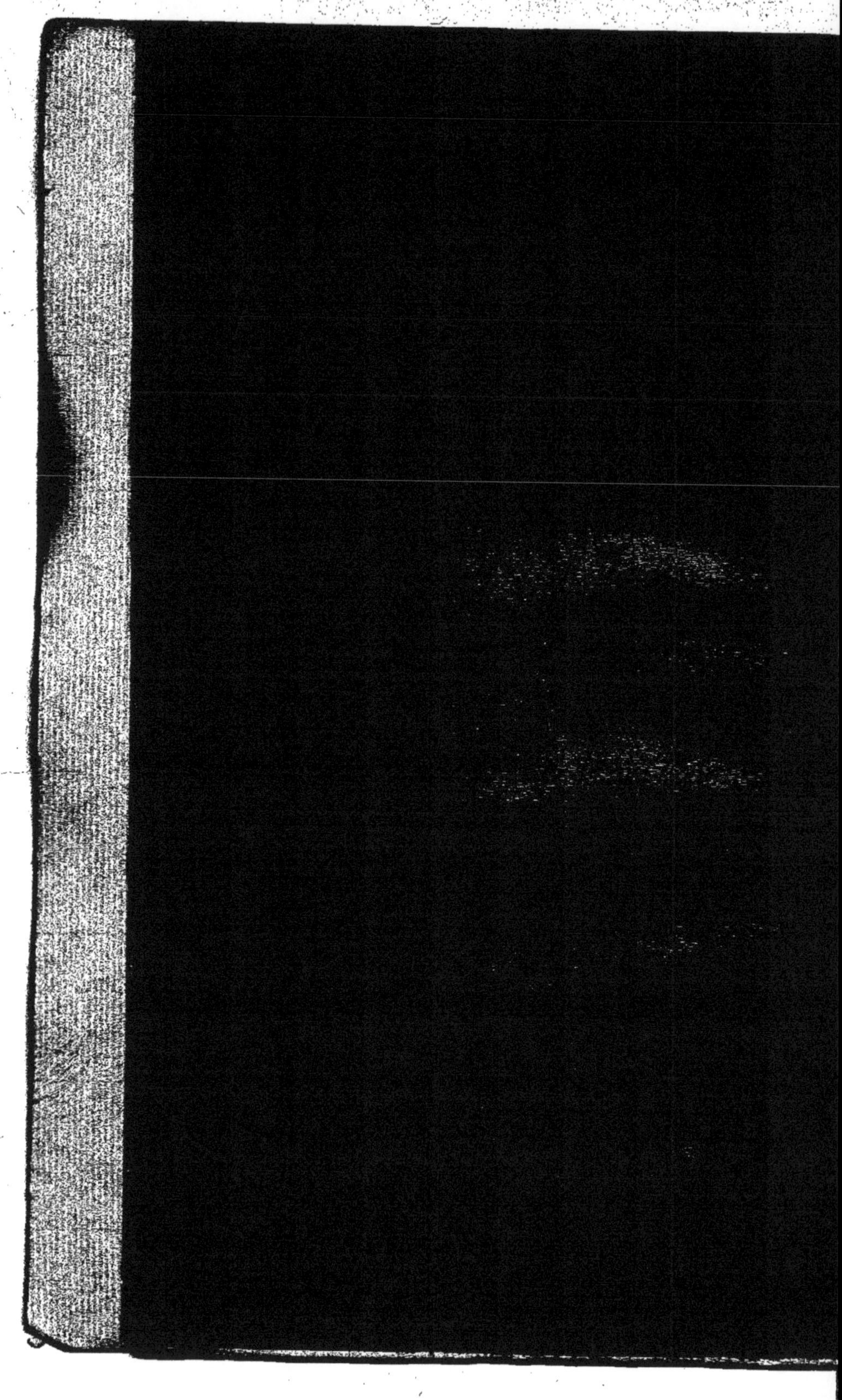

LES FRANCS-TIREURS

DU MONT-BLANC

BIBLIOTHÈQUE NATIONALE

LES FRANCS-TIREURS

DU

MONT-BLANC

Récits de la guerre de 1870-71

PAR

JOSEPH MOGENIER

(Avec une préface de M. César DUVAL)

ANNECY
IMPRIMERIE ABRY, ÉDITEUR

1902

(Extrait de la *Revue savoisienne,* année 1902, fascicules 1, 2 et 3.)

AVANT-PROPOS

Vers la fin du mois de septembre 1870, en suite d'une proclamation adressée aux habitants de la Haute-Savoie par le préfet Jules Philippe, le *Comité départemental de la Défense nationale*, annonçait l'organisation d'une compagnie de *Francs-tireurs du Mont-Blanc*, destinée à combattre l'invasion allemande.

Une réunion publique eut lieu à Saint-Julien, à l'Hôtel-de-Ville, le 2 octobre suivant, pour la formation d'un Comité de Défense nationale de l'arrondissement, et l'organisation du corps franc projeté.

Des comités analogues furent institués à Bonneville et à Thonon, et tous s'étaient mis à l'œuvre avec le plus grand zèle pour hâter le recrutement et l'équipement de cette compagnie franche, lorsque, presqu'aussitôt, une décision de l'autorité supérieure vint arrêter ce mouvement patriotique en contremandant la formation déjà commencée.

Sur les instances de notre excellent préfet Jules Philippe qui, avec raison, avait fait remarquer qu'en quelques jours la compagnie des *Francs-tireurs du Mont-Blanc*, déjà recrutée en grande partie, pouvait être bien vite en mesure de rejoindre l'armée active, le Gouvernement républicain de Défense nationale autorisa l'organisation de la compagnie, laquelle fut rapidement pourvue de son armement et équipement et dirigée sur le théâtre de la guerre.

Tout récemment, le brave Mogenier, ancien lieutenant de

cette compagnie de francs-tireurs, m'adressait le journal de marche de ce corps de volontaires, en me faisant le très grand honneur de me dédier cette relation.

Il m'a semblé que ce récit méritait d'être publié, car il met en lumière la belle conduite de nos concitoyens et ajoute une page glorieuse à l'histoire militaire de notre pays de Savoie.

La *Société Florimontane* ayant décidé l'insertion de ce travail dans la *Revue savoisienne,* j'ai le devoir d'en faire connaître l'auteur : Joseph Mogenier, dit *La France.*

Joseph Mogenier est né à Taninges (Haute-Savoie), le 6 juillet 1837, de Marie Mogenier et de Marie Grange.

Sa famille, ancienne et honorable, était de modeste condition; le père, ouvrier cloutier, n'avait, pour élever ses six enfants, que le faible produit de son travail.

Le fils aîné Joseph dut, dès qu'il le put, gagner sa vie. Il fut successivement petit berger, porte-mortier *(trague),* puis garçon de peine, « amassant deci delà, comme il le dit, quelques bribes d'instruction qu'il dévorait avec l'avidité de l'enfant affamé trouvant un bon fruit ».

A l'âge de dix-huit ans, en juin 1855, il contracta un engagement volontaire au service de la France et fut incorporé au bataillon de tirailleurs du 2e régiment étranger organisé à Auxonne (Côte d'Or). Le bataillon était sous les ordres du commandant Lion, et la 2e compagnie, dont il fit partie, était commandée par le capitaine Pagnamenta.

Embarqué pour l'Afrique en 1856, il prit part à l'expédition du Sud (Beled-ul-Djerid) assista au combat et prise de Ouargla, le 1er janvier 1857 (colonne Desvaux), et à la prise de la Kabylie (Maréchal Randon, division Maissiat); aux combats et à la prise du col de Schelata, le 28 juin, de M'zien, le 4 juillet, d'Aïn-Aziz, les 7 et 16 juillet (prise de Lalla-Fathma), etc.

Il termina son service militaire en juillet 1858 et rentra à Taninges. Sa mère était morte, ses frères s'étaient dispersés pour aller chercher le pain de chaque jour; il reprit l'outil, le travail étant sa seule ressource.

Pendant son séjour en Afrique, il avait eu l'occasion de rencontrer les victimes du coup d'Etat du 2 Décembre transportés à Lambessa, et ces martyrs de la foi républicaine firent de lui un apôtre convaincu des idées démocratiques, lui inspirant la haine de toutes les oppressions, de toutes les iniquités en même temps qu'une profonde tendresse pour les opprimés et les déshérités.

Occupé avec son père à la construction d'une route dans la vallée du Giffre, il prit place dans les rangs de ceux qui, en Faucigny, combattirent énergiquement le régime impérial.

Lorsque la guerre éclata, en juillet 1870, l'ancien soldat d'Afrique n'attendit pas le décret du 10 août pour rejoindre le drapeau. Engagé volontaire au 21e régiment d'infanterie en garnison à Annecy, il fut chargé de l'instruction militaire des nouveaux contingents appelés sous les armes.

Lorsque la compagnie des Francs-tireurs du Mont-Blanc fut organisée, il en fut nommé lieutenant et s'occupa spécialement d'instruire militairement les volontaires jusqu'au moment où ils furent conduits devant l'ennemi.

Son récit fera connaître la part qu'il prit à la campagne où les Francs-tireurs du Mont-Blanc eurent la gloire de conquérir le drapeau du 61e régiment poméranien, placé aujourd'hui à l'hôtel des Invalides, un des deux drapeaux conquis sur l'ennemi pendant cette guerre néfaste.

Licencié à la paix, Mogenier se décida à partir pour Paris où, pensait-il, la réparation des ruines du siège et de la Commune devaient nécessiter de grands travaux. Il trouva en effet le travail qu'il espérait et c'est là, dans ce milieu ouvrier, qu'il se donna de tout son cœur de patriote et de républicain à relever le courage de ses camarades, ébranlé par les effroyables secousses qu'ils venaient de traverser, leur faisant comprendre que sous un régime républicain, ils arriveraient à leur émancipation et à l'amélioration de leur condition par l'union fraternelle et l'organisation syndicale corporative, beaucoup mieux que par la révolte armée qui avait failli compromettre la République elle-même. Il aida de tous ses efforts à la création des premières chambres syndicales ouvrières.

En octobre 1875 eut lieu le premier Congrès national des Travailleurs français dont il fut un des organisateurs : élu par les ouvriers du XIe arrondissement de Paris.

Président de la Commission des Chambres syndicales, il prit une part active aux discussions de ce Congrès que Crémieux nomma : « Le premier pas assuré des Travailleurs vers un meilleur avenir du monde du travail. »

Avant de se séparer le Congrès nomma une commission de onze membres, chargée de poursuivre la réalisation des modestes desiderata du prolétariat français et des réformes qu'il sollicitait des pouvoirs publics.

Président de cette commission, il porta, le 10 novembre 1876, à Versailles, devant les délégués du Sénat et de la Chambre des Députés, les vœux du Congrès des Travailleurs.

Il se tint en rapport aussi avec les principaux membres républicains du Parlement, et c'est dans une visite à Victor Hugo qu'il reçut de notre illustre poète national, le surnom de « *La France* » dont il est si justement fier. Voici dans quelles circonstances :

Introduit avec ses camarades auprès du grand homme, Mogenier lui expliqua les vœux et les aspirations des prolétaires dont il était l'organe, et Victor Hugo, l'ayant écouté avec la plus grande attention, frappé de la chaleur de conviction, de l'éloquence naturelle et de la noblesse des sentiments de l'orateur, appela sa petite-fille Jeanne qui jouait avec son frère dans un coin du cabinet, et lui montrant Mogenier, lui dit : « Mon enfant, embrasse ce citoyen ! » et, comme l'enfant hésitait, il insista, lui répétant : « Allons, Jeanne, embrasse-le donc, c'est la France laborieuse que tu embrasseras ! » L'enfant s'exécuta et le vieux soldat d'Afrique éprouva, ce jour-là, une émotion qui reste la joie de toute sa vie.

Il continua son apostolat et contribua à la formation d'un nombre considérable de Sociétés syndicales à Paris et en province, consacrant sa vie à l'œuvre de fraternité et d'union autour du drapeau républicain.

Il fut un des fondateurs de la Société mutuelle savoisienne et de l'Union fraternelle de la vallée du Giffre, de Paris.

Occupé à la construction des écoles de la rue de l'Espérance, à Montparnasse, il eut la jambe brisée dans un accident et reçut les soins de l'illustre docteur Broca. Il revint au pays natal achever sa guérison. Puis il reprit son outil et son apostolat, parcourant la France et créant partout des associations ouvrières, notamment à Evian, La Roche, Aix-les-Bains, Grenoble, Gap, Saint-Paul, Montdragon, Orange, Caderousse, Alais, Nîmes, Lodève, etc.

Passant la Méditerranée, il alla travailler sur cette terre d'Afrique que, soldat, il avait aidé à conquérir. Là aussi, il groupa les Travailleurs et constitua les « Pionniers d'Algérie et de Tunisie » qui l'envoyèrent en France en 1889 comme délégué de leur Association, au Congrès ouvrier réuni à l'occasion de l'Exposition Universelle.

Ensuite, il parcourut de nouveau la France, créant des Associations ouvrières en Seine-et-Oise, Seine-et-Marne, Côte-d'Or et Rhône, puis il reprit le chemin de cette terre de Savoie dont le souvenir ne l'avait jamais quitté.

Aujourd'hui, malgré les soixante-cinq ans qui pèsent sur ses épaules, il travaille encore et gagne sa vie, bien que faiblement, gardant la chaleur de ses convictions, la fidélité à l'idéal républicain et le dévouement à la Patrie. Il supporte avec sérénité et philosophie les épreuves et les privations, donnant ainsi l'exemple d'une vie entière consacrée à la fraternité et à l'humanité.

J'ai fait la connaissance du brave Mogenier à Dijon, en janvier 1871, après le combat d'où le franc-tireur Curtat avait rapporté le drapeau du 61e régiment prussien ; je l'ai revu depuis et j'ai pu apprécier les qualités natives de ce bon citoyen, à qui il n'a manqué, dans son enfance, que les moyens de cultiver et de développer sa remarquable intelligence ; il marquera parmi les enfants de la Savoie qui ont honoré leur pays et je suis heureux, pour ma part, d'avoir pu mettre en lumière une faible partie des services rendus avec tant de dévoûment et de désintéressement par ce patriote et par ce républicain.

C. Duval,
sénateur.

18 avril 1902.

LES FRANCS-TIREURS DU MONT-BLANC

Récits de la guerre de 1870-71 à l'armée des Vosges

A notre digne représentant, notre vieil ami et frère d'armes de l'Année terrible, M. César DUVAL, sénateur de la Haute-Savoie.

Ce n'est pas par une vaine gloriole que nous retraçons de souvenir, après plus de trente ans, ces récits qui, comme tout ce qui peut servir à l'enseignement de l'avenir ou fait partie de l'histoire de la petite patrie, ne doivent être dédaignés. A l'heure présente, et il en sera encore longtemps ainsi dans notre chère vieille Savoie, on éprouve une émotion bien compréhensible et légitime à la lecture de l'histoire de cette légion des Allobroges, nos aïeux, combattant sur tous les champs de bataille pour la République et la France ; on les admire, en adressant à leurs mânes le salut du souvenir de leurs petits-fils, sur ces champs des Pyrénées, de Provence, d'Egypte et à cette immortelle journée de Lodi, où ils firent inoubliable le nom des fiers montagnards gaulois, dont César lui-même vantait l'indomptable vaillance pour la défense de leur liberté. Nous n'avons pas l'intention de nous livrer à des dithyrambes sur le courage de nos volontaires de 1870-71 ; nous ne voulons rappeler ces souvenirs que pour saluer les rares survivants de la petite légion Allobroge en la néfaste année, dire en réponse à certains détracteurs, ce qu'ils firent et aux jeunes qui suivront ce qu'ils furent.

Nous n'avons pas d'autre pensée.

I.

Les défaites succédaient aux défaites; un décret de l'Impératrice-régente rappelait sous les armes tous les anciens militaires jusqu'à 35 ans.

Un comité de défense s'était constitué à la préfecture de la Haute-Savoie, sur l'initiative d'un comité de Bonneville, pour la création d'un corps de volontaires. En août, le comité de défense séant à la préfecture publia un appel à toutes les volontés, à tous les cœurs qui battaient d'émotion en apprenant les désastres qui fondaient sur la France; cet appel fut aussitôt entendu jusqu'en nos communes les plus reculées, ainsi qu'on le verra par la liste des volontaires qui est jointe ici. Bonneville fut désigné pour le lieu de concentration de ceux qui, réunissant les aptitudes voulues, venaient s'enrôler. Des souscriptions abondèrent pour l'équipement et l'habillement de cette compagnie, à laquelle on donna le nom de « *Compagnie des francs-tireurs du Mont-Blanc* ». Les ressources ne permirent de porter le chiffre de la petite légion qu'à cent cinq hommes qui vinrent offrir leurs bras et leur cœur. Le cadre fut constitué et l'organisation faite en peu de jours.

Nos compatriotes de la Savoie avaient constitué la vaillante compagnie des « *Chasseurs des Alpes* » et nos frères de l'Isère, l'intrépide compagnie des « *Gris* », qui opéraient dans les Vosges; là, sous les ordres de l'héroïque Michard, capitaine des « *Alpes* » et du vaillant Rastain, capitaine des « *Gris* », ils faisaient valeureusement leur devoir, disputant le sol et les passages des Vosges à nos envahisseurs. Aussi nos *Mont-Blanc* brûlaient-ils d'impatience d'aller les rejoindre, de partager leurs dangers et de faire eux aussi leur devoir.

L'habillement et l'équipement se firent attendre jusqu'en octobre. Durant ce temps ils s'employèrent à des manœuvres conformes au service que l'on attendait d'eux. Le lieutenant, vieux routier d'Afrique, les entraînait, les haranguait, les instruisait sur la guerre d'embuscades et de surprises, comme l'étaient les guerres d'Algérie. Il n'était guère possible d'apporter plus de bonne volonté, d'ardeur et d'attention que nos volontaires, qui, pour ces manœuvres, avaient les fusils à piston de la compagnie des sapeurs-pompiers de Bonneville, en attendant l'arrivée des armes du gouvernement, des chassepots.

Des marches militaires étaient faites et souvent répétées, afin de rompre les chaussures et d'habituer les épaules; ces marches étaient ponctuées de manœuvres selon la configuration du sol : attaques, défenses, etc., et jamais une plainte de fatigue, jamais une réclamation. Oh ! on peut le dire en toute assurance et devoir, ils ont entièrement tenu ce qu'ils promettaient, honneur à eux !

Enfin, une dépêche d'Annecy annonce que les chassepots et les sabres-bayonnettes sont en route pour Bonneville. Il pleuvait ce jour-là, les hommes devaient l'employer au repos et à des théories ; au su de la dépêche, ils s'élancent sur la route de La Roche, jusqu'à la rencontre des voitures qu'ils escortent au chant de la *Marseillaise*. Le soir même, il fallut faire la répartition des armes ; on nous assura qu'il y en eut bon nombre qui les logèrent dans leur lit. Quelques tirs furent ensuite exécutés et l'ordre du départ arriva, salué par le plus sincère, le plus ardent enthousiasme, aux cris de « Vive la France ! ».

Le lendemain était un dimanche, veille du départ. La Compagnie des Francs-Tireurs du Mont-Blanc, que, à son air et à son ordre, l'on eut pu prendre pour une compagnie de vieux praticiens d'armée, était rangée en bataille devant l'Hôtel-de-Ville. Un long cortège de dames qu'escortaient les autorités et la municipalité s'avançait en tête; une jeune fille, Mlle Clerc, portait un petit drapeau où se lisait sur une face : « Vaincre ou mourir » et sur l'autre : « Chasseurs du Mont-Blanc ».

Le moment était d'une grande solennité, la place était noire de monde, parents, amis de ceux qui allaient partir. Que d'âmes, de cœurs de mères, de sœurs, d'amis, de pères, de frères, devaient se poser cette terrible énigme : « Les reverrons-nous ? » L'honorable et regretté M. François Dumont, président de la municipalité, s'avançant devant le front de la Compagnie, dit : « Francs-Tireurs du Mont-Blanc, volontaires de la patrie, nos fils, nos frères, nos compatriotes qui allez partir remplir le saint et grand devoir de combattre et de mourir, s'il le faut, pour cette chose sublime la Patrie, et cette patrie : la France ! nous avons l'assurance que vous accomplirez ce devoir dans toute sa plénitude. Vos mères, vos sœurs, vos amies viennent vous confier ce symbole qu'elles ont fait de leurs mains. Qu'il soit votre ralliement, votre étoile vers le devoir, le vivant et tangible souvenir de ceux que vous quittez, mais dont les cœurs vous suivent. Après les combats, rapportez-le, noirci par la poudre, lacéré par les lames, troué par les balles, mais beau et fier d'honneur, pour qu'il demeure parmi nous, emblème et trophée du devoir accompli.

« Vous allez jurer sur ce modeste guide d'être prêts autour de lui à tous les sacrifices, même celui de votre vie ! »

Les officiers s'avancent au centre, l'arme au poing, les Chasseurs présentent les armes, les soutenant de la main gauche et étendant la droite vers le fanion. Toutes les têtes sur la place sont découvertes, tous les yeux sont voilés de larmes ; un frémissement court dans la foule quand une voix éclatante partie de toutes les bouches et de tous les cœurs des Chasseurs du Mont-Blanc, clame : « Je le jure ! » Le capitaine ajoute : « Nous jurons de le rapporter si nous ne tombons pas tous autour de lui en le défendant ! »...

De tels instants, de telles heures sont intraduisibles et à jamais inoubliables !

Le lendemain, dès la première heure du jour, les Mont-Blanc quittaient la patriotique cité, escortés par les habitants et prenaient la direction d'Annecy où ils devaient recevoir l'ordre de leur destination.

A La Roche, où un très grand nombre de citoyens Bonnevillains étaient venus accompagner nos volontaires, la population fit une ovation à la Compagnie et lui offrit, malgré l'heure matinale, un vin d'honneur ou plutôt d'adieu. Derniers serrements de main, un grand cri : « Vive la France ! » et le Mont-Blanc gravit la côte de la Borne du plus allègre pas. La Compagnie arriva à Annecy vers deux heures ; les sous-officiers, caporaux et soldats du 21ᵉ de ligne étaient venus l'attendre au pont de Brogny. La réception à Annecy fut extrêmement sympathique ; la petite légion fit une excellente impression ; elle fut reçue à la préfecture par le préfet qui passa en revue les volontaires haut-savoyards.

Dans l'allocution qu'il leur adressa, il dit que le pays était assuré qu'ils sauraient accomplir leur devoir et qu'il ne l'oublierait point. Une distribution de linge fut faite par les soins du Comité des dames d'Annecy, sous la présidence de Mᵐᵉ Philippe qui reçut ce jour-là et conserva le titre de Mère des Chasseurs du Mont-Blanc ; elle le justifia durant cette guerre et s'acquit la reconnaissance inaltérable de nos volontaires. Le soir, un banquet d'adieu les réunissait tous : autorités, officiers, sous-officiers, caporaux et soldats du 21ᵉ de ligne, sapeurs-pompiers, citoyens et volontaires. Il y avait encore dans les cœurs place pour l'espérance; on but à l'avenir et à la fin de nos patriotiques douleurs, à la République et à l'immortalité de la France.

Dans l'après-midi, avant le banquet, la Compagnie du Mont-Blanc s'était rendue au cimetière, sur la tombe du grand penseur et profond républicain Eugène Suë dont les cendres reposent en ce lieu, et là au milieu de l'émotion de tous les assistants, les Chasseurs du Mont-Blanc avaient renouvelé leur serment de combattre et de mourir, s'il le fallait, pour la France, pour la liberté !

Le lendemain, accompagnée des autorités et de la population, la Compagnie s'embarquait à la gare pour Lyon où elle arriva dans la nuit, qu'elle acheva dans les salles d'attente. Dans la matinée, elle reprit un train qui l'emporta à Chalon-sur-Saône.

On venait d'amener en cette ville deux cavaliers allemands, éclaireurs pris entre Chalon et Chagny. On disait cette dernière ville occupée par l'ennemi. Le capitaine et le lieutenant se rendirent à la sous-préfecture, sollicitant un train pour Chagny. Un désarroi absolu régnait dans les bureaux ; on eût dit que les Teutons étaient aux portes de la ville ; à la gare, on réunissait wagons et locomotives pour les rabattre sur Lyon ; l'émotion était grande en ville. Les officiers insistèrent pour obtenir un ordre de transport de la Compagnie ; ils l'eurent enfin et le capitaine fit à la gare les démarches nécessaires pour hâter le départ. Plusieurs chasseurs des Alpes, entr'autres le Dʳ Jules Carret, médecin-major, allant rejoindre leur corps à Autun et que nous avions eu la joie de rencontrer à Chalon, se joignirent à la Compagnie. Le train partit vers Chagny ; le capitaine était monté sur la machine pour soutenir par sa présence le moral du mécanicien, qui, croyant fermement Chagny occupé par l'ennemi, allait avec plus d'hésitation que de prudence.

A Chagny, calme complet, nul ennemi ; il est, dit-on, dans la vallée de la Dheune, peut-être à Santenay ou à Saint-Léger. En route ! La gare de Santenay n'est éclairée que par une seule lanterne ; on stoppe un instant, pour prendre des informations ; l'ennemi est au Creusot, on a entendu le canon dans la journée. En avant ! le capitaine Tappaz, s'étant nommé pilote, est toujours sur la machine, au mépris des règlements. On traverse Saint-Léger, puis les stations suivantes et l'on entre en gare du Creusot : moins d'Allemands que dans un rêve, mais on apprend qu'il y a eu, dans la journée, un combat vers Autun. « En route, crie le capitaine, et vite. » Le moral des hommes est excellent ; on repart, mais le tunnel de Marmaque, assez long, donne un surcroit d'inquiétude au mécanicien. « Prudence, mais courage ! lui dit Tappaz, sortons d'abord de ce trou. » Le train arrive à Etang ; on stoppe pour courir aux nouvelles ; le capitaine télégraphie à Autun, au général sous les ordres duquel allait se placer le Mont-Blanc. La commune d'Etang est émotionnée — et non sans raison — le canon a bruit non loin ; en effet, ce jour, a eu lieu le combat d'Autun et on ignore la position de l'ennemi ; est-il proche ou loin ? En attendant, les hommes ne quittent pas les wagons, ils se sont installés comme ils ont pu, à tout hasard.

Vers le matin, arrive une dépêche du quartier général, appelant la Compagnie ; le train se remet en route, la voie est sûre, aussi le mécanicien n'épargne pas la vapeur ; le grincheux pilote a repris sa place avec ses hommes lorsque le train entre en gare d'Autun. En cette ville se trouve le quartier général de l'armée des Vosges et Garibaldi son général en chef.

A la descente du train, la Compagnie se met en ligne ; un groupe d'officiers, à la tête duquel est un jeune homme à la fine moustache noire, la reçoivent ; on lui indique l'endroit où se trouve l'état-major, et elle gravit silencieusement les rues en pente qui conduisent à la sous-préfecture. Soldats et civils regardent et se demandent quel est ce corps.

La compagnie se range en bataille devant l'état-major ; le capitaine et le lieutenant se présentent dans les bureaux pour prendre les ordres du général près duquel ils sont introduits par le général Bordonne, chef d'état-major, qui annonce : « *Les Officiers des Francs-Tireurs du Mont-Blanc* », et se retire.

Une grande table consulaire occupe ce salon ; au bout est un vieillard à barbe blanche, couvert d'un chapeau gris à larges bords, à la figure majestueuse, au regard très doux ; sur ses épaules, une couverture qui l'enveloppe : Garibaldi ! L'émotion des deux officiers est profonde, le général leur tend la main : « Salut, mes braves, dit-il, je suis heureux de l'arrivée du Mont-Blanc ; dès l'origine de mon commandement j'eus la satisfaction d'avoir vos frères, les Chasseurs des Alpes, sous mes ordres. Ce sont des vaillants, des héros ; vous êtes aussi des

Savoyards, je sais que je n'ai pas moins à attendre de vous que de vos frères ; vous êtes les Allobroges ! Je vous place sous le commandement de mon fils Ricciotti, lequel est prévenu de votre arrivée et vous formerez le bataillon : Alpes, Isère, Mont-Blanc, sous les ordres de votre vaillant compatriote Michard, nommé commandant. »

Tant bien que mal, étreints par l'émotion, les deux officiers remercièrent le général en chef, l'assurèrent de leur entier dévouement et de leur obéissance et prirent congé pour se rendre auprès du chef de brigade et prendre ses ordres. Durant leur absence, un officier général avait passé devant le front du Mont-Blanc : « J'aurai ce corps », avait-il dit et il passa à l'état-major ; les deux officiers le croisèrent dans les bureaux. C'était le général Bossack-Kreuké, commandant la 1re brigade, le héros polonais qui devait héroïquement tomber devant Dijon le 22 janvier. Le quartier de la 4e brigade était au séminaire, tout à fait au haut de la ville et c'est de ce côté que l'ennemi avait attaqué la veille, avec son artillerie, pendant que sa cavalerie pénétrait dans Autun par l'autre. Les puissantes branches des marronniers séculaires de l'esplanade gisaient là, à terre, ou pendaient le long du tronc, retenues par leurs filaments. Dans le bas du séminaire, à l'est, les Chasseurs des Alpes et de l'Isère avaient, à la baïonnette, mis en retraite l'artillerie allemande ; la veille, devant ce séminaire, la petite artillerie de Garibaldi desservie par les mobiles de l'Hérault, avait fait bon ouvrage. Les officiers du Mont-Blanc se présentèrent au commandant de la 4e brigade qui les reçut avec urbanité et tout militairement. C'était le jeune chef vu à la gare à l'arrivée de la compagnie : Ricciotti, fils cadet du général en chef.

Les ordres reçus, les deux officiers rejoignirent leurs hommes auxquels on avait donné les corridors de la mairie comme casernement. Le froid était si vif, qu'il y eut dans cette nuit-là des hommes morts de congestion par le froid, dans les églises où ils avaient été parqués ; de plus, les vivres étaient rares et hors de prix par suite de la présence de l'armée ; il fut fait une distribution de viande et les hommes cuisinèrent gaiement sur la place et le long des rues. La Compagnie recevait les visites des Chasseurs des Alpes et de l'Isère, joyeux de pouvoir deviser en patois, lorsque retentit le rappel ; de toutes parts sonnait le clairon ; les compagnies coururent aux armes. On venait d'annoncer un retour offensif de l'ennemi. En moins de temps peut-être que je n'en mets à écrire cette page, Alpes, Isère,

[library stamp]

Mont-Blanc, le bataillon Allobroge se trouva en ligne de bataille devant le séminaire, son brave commandant encore souffrant de ses nombreuses blessures à la tête. La nuit venait, le colonel Ricciotti passa devant le front ; observant plus particulièrement les nouveaux arrivés, il regardait chaque homme dans les yeux, adressait un bon mot par ci, par là. Il est à croire qu'il fut satisfait de son inspection, car il dit aux officiers : « Vous avez là une bien belle compagnie, Messieurs ». « J'ose vous promettre qu'elle sera bonne », dit le commandant qui avait entendu : « Je le crois », ajouta le jeune colonel.

Celui-ci n'avait pas été seul à observer les Haut-Savoyards ; les camarades des Alpes et de l'Isère, eux aussi, avaient voulu voir « l'air » des nouveaux à l'heure où sonnerait le combat. L'ennemi ne se présenta pas et les compagnies rentrèrent dans leurs quartiers ; retrouverait-on les marmites ? Mais les brûleurs de loups crièrent aux chamberots : « *Nos in quo qu'ion !* » On ne leur demanda pas l'explication du mot, mais on sourit. Le soir, les officiers du Mont-Blanc firent une visite au commandant et à leurs collègues des Alpes et de l'Isère. Le lendemain, la compagnie du Mont-Blanc était envoyée à Château-Chinon, sous-préfecture de la Nièvre, observer les mouvements de l'ennemi, en force à Saulieu à 52 kilomètres de distance et qui pouvait d'un instant à l'autre s'emparer de l'excellente position de Château-Chinon, situé sur une hauteur.

En deux jours de marche, la Compagnie atteignit cette ville. Sur tout le parcours et particulièrement à la Scelle, chef-lieu de canton, elle reçut de sympathiques acclamations des populations ; elle fut accueillie avec enthousiasme par les habitants de Château-Chinon qui reçurent les volontaires comme des frères ; la Compagnie en a gardé un bon et profond souvenir.

Chaque jour, une demi-compagnie faisait un service de reconnaissance, très long et très pénible, recueillant tous les renseignements possibles, qui, quotidiennement, étaient adressés à l'état-major. Chaque jour aussi, l'une des deux demi-compagnies prenait son tour. Jamais nulle plainte de fatigue. En rentrant, les chasseurs trouvaient chez leurs excellents hôtes, les bons et braves habitants de Château-Chinon, les soins et le confort qui allégeaient leurs fatigues. Chaque jour, la fraction qui demeurait faisait une séance de tir et fournissait, de concert avec la garde nationale sédentaire, les différents postes. L'ordre de départ arriva, apporté par le lieutenant d'état-major de Bary ; la compagnie devait en toute hâte, se reporter sur Autun. Au départ, le lendemain, elle fut accompagnée fort loin par la population, aux cris de « Vive le Mont-Blanc ! » « Vive la Savoie ! » auxquels nos volontaires répondaient « Vive la France ! Vive la République ! » Vive Château Chinon ! » Le lendemain, ils arrivèrent à Autun vers deux heures et à cinq, le train emportait la 4me brigade dans une direction inconnue. Vers une heure du matin, le train stoppa, aucune gare ni maison ; la lueur douteuse de la neige seule indiqua que c'était la rase campagne. La brigade marchait sans bruit, le colonel en tête, on entendait de rares et lointains coups de feu ; une lumière brilla ; la brigade entrait dans un village. Sur la droite se trouvait une grande ferme ; la brigade fit halte, le colonel mit pied à terre et ordonna de sonner. On ne fit aucune réponse ; la lumière qui avait lui disparut ; « Ouvrez cette porte ! », commanda Ricciotti ; et le Mont-Blanc qui était compagnie de tête allait unir ses efforts pour ouvrir cette porte-cochère, semblable au porche d'une église, lorsqu'un d'eux, le chasseur Marc Carrier, ordonnance du capitaine Tappaz, doué d'une force peu commune, y appuyant sa robuste épaule, l'ouvrit toute grande et le colonel fit pénétrer toute la brigade dans la vaste cour. Tous les bâtiments, remises, fenils, granges qui l'encadraient furent occupés par les compagnies ; des hommes détachés de chacune d'elles, sous les ordres du lieutenant du Mont-Blanc, assurèrent le service d'ordre et de reconnaissance intérieure et extérieure. A de longues intermittences, des coups de feu lointains s'entendaient. La nuit s'écoula ainsi. Au point du jour, le colonel, qui avait dormi sur la paille, roulé dans la même couverture que Carrier donna l'ordre du lever de tout le monde. En quelques instants, la brigade fut prête et se dirigea sur un village que traverse la route de Beaune à Nuits et qui se nomme Ladouët. La brigade le franchit et vint occuper les hauteurs boisées qui le dominent. Quelques compagnies furent engagées ; toutes les conquêtes du Mont-Blanc, à cette bataille, se réduisirent à la prise de deux ulhans, longs et maigres, qui n'opposèrent pas grande résistance. Cette journée de Nuits qui aurait pu être une victoire fut une défaite, malgré l'héroïsme des légions du Rhône et de quelques compagnies de francs-tireurs dont les coteaux gardent les ossements. Nous ne porterons pas de jugement sur les hommes, sur ce qu'on eût dû faire ou ne pas faire, nous nous bornons à la simple narration des faits.

Vers midi, la brigade abandonna ses positions et reprit la

route de Beaune, le colonel Ricciotti n'ayant pu obtenir du général Cremer de marcher sur Dijon pour enlever cette ville à l'ennemi en devançant les corps allemands qui venaient de nous vaincre. Ah ! c'eût été une belle revanche !

La brigade reprit le train à Beaune et par Chagny et le Creusot, rentra à Autun, où elle ne fit que toucher barre, et se dirigea sur Château-Chinon où les Mont-Blanc furent reçus à bras ouverts par les habitants qui vinrent à leur rencontre.

Le lendemain, une grande alerte eut lieu. « Aux armes, l'ennemi » ! En effet des troupes approchaient; le colonel jeta en avant les Alpes et le Mont-Blanc : c'étaient des dragons français, une fraction de l'armée de la Loire qui allait composer l'armée de l'Est.

Le jour suivant, par un temps lamentable, la brigade se dirigeait sur Lormes où elle reçut fort bon accueil, puis le lendemain sur Tannay d'où elle repartit à trois heures du matin pour Clamecy qu'elle traversa au point du jour, se dirigeant sur l'Yonne. Elle fit une courte halte à Coulange et continua sa route vers Courson que l'on venait d'apprendre occupé par l'ennemi.

Le colonel accélerait la marche sur Courson ; on rencontrait des gens qui fuyaient cette localité et narraient en larmoyant les horreurs commises par les Allemands; Courson fut atteint, mais les ennemis venaient de l'évacuer ; ils avaient appris la marche de la brigade et s'étaient retirés en hâte. Tout était brisé, c'était bien un passage de Vandales. Les habitants avaient fait quelques prisonniers ; qu'apprit le colonel ? nous l'ignorons, mais le lendemain, dès la première heure, la 4e reprenait la direction de Coulange-sur-Yonne par une autre route ; elle passa la nuit en cette localité, puis prit la direction d'Avallon par Mailly, Vermenton. « Mais, ces gueux-là nous fuiront donc toujours », disaient nos hommes : « *Attend te on pou, y ne pardron ran pe attendre* », répondait le voisin (attends un peu, il ne perdront rien pour attendre).

A Mailly, près d'une demeure seigneuriale, le personnel se mit à crier au passage de la brigade ; la colère allait succéder à l'étonnement quand un loustic cria en patois : « *Tê, l'hopital des fous, pourra gens !* » et le rire remplaça la colère.

Dans la matinée, on avait pu voir vers l'Est des cavaliers qui, sans doute, devaient être des ulhans; aussi la plus extrême prudence était-elle observée. En traversant un bourg dont nous avons le regret de ne pas savoir le nom, mais qui précède

Vermenton en y allant de Mailly, les habitants avaient placé des tables chargées de pains et de vin offrant ainsi à nos soldats l'hospitalité sainte de la patrie. Le colonel les remercia chaleureusement, mais fit traverser le village sans arrêt, au grand regret de ces braves gens. Nul ne put sortir des rangs et aucune protestation, aucun murmure ne s'éleva, bel exemple de discipline offert par ces volontaires que certains ont accusés de chapardise. On en verra d'autres preuves dans le courant de ce récit.

Dans l'après-midi, les compagnies arrivaient à Vermenton pour prendre leur repas et préparer leur logement. Des postes solides furent placés sur toutes les routes, dans toutes les directions ; le Mont-Blanc, les Alpes et l'Isère fournirent à peu près toutes ces grand'gardes.

Le curé de Passe-aux-Allouettes, commune du canton de Vermenton où se trouvait un poste du bataillon allobroge, apprenant la présence des Garibaldiens, expédia à l'ennemi un homme chargé de lui en porter l'avis par un pli cacheté dont il était porteur ; mais l'homme ne put franchir les attentives sentinelles; pris, interrogé, fouillé, il n'avoua et ne remit le pli que devant une menace de mort. Le curé fut immédiatement arrêté aussi et conduit le lendemain par la brigade à Avallon, puis de là dirigé sur Autun, siège de la cour martiale.

La patriotique cité avallonnaise reçut la brigade avec un réel sentiment de joie, car elle attendait à toute heure la funeste avalanche allemande; les citoyens venaient offrir leur concours au colonel pour combattre.

Le jeune chef attendit trois jours l'arrivée de l'ennemi qui, malheureusement pour les désirs de la petite armée, mettait en pratique à son égard les principes du chien de Jean de Nivelle.

Ces trois jours furent bien employés et salutaires pour les hommes qui avaient un réel besoin de repos ; ils réparèrent leurs forces et acquirent, s'il eut été possible et nécessaire, un surcroît d'énergie.

Au reste, autant entendait-on de voix, autant entendait-on d'éloges de l'hospitalité et du patriotisme des bons français, des braves citoyens d'Avallon.

Le 3 janvier cependant, on eut pu croire que nous allions avoir un commencement de réglement de compte avec messieurs d'Outre-Rhin. A deux heures le rappel sonnait au pas gymnastique ; le rassemblement fut l'affaire d'un instant ; à deux heures et demie, la brigade s'engageait sur la route de Vouvray, d'où l'on était venu signaler la présence de l'ennemi, lorsqu'après une marche de quelques kilomètres, un cavalier arrivant au galop, remit un pli au colonel qui fit rebrousser chemin : toute la brigade rentra à Avallon.

La confiance des compagnies de la brigade qui dès son origine avaient été sous les ordres du jeune colonel et avaient avec lui livré tant de combats : Pasques, Lanthenay, Châtillon, Autun, était sans limite ; aussi ne se demandait-on jamais ce qu'étaient les ordres, on ne les discutait ni ne les critiquait ; l'obéissance comme la confiance, disons-le encore, étaient sans bornes.

Personne donc, ne se demanda : « Pourquoi nous fait-on rentrer à Avallon ? »

Remarquons ici que bon nombre de citoyens de cette ville, armés de fusils de chasse, s'étaient joints à la brigade.

Le lendemain, celle-ci attendit dans un calme absolu jusqu'à quatre heures du soir, heure à laquelle sonna de nouveau le rassemblement.

Elle reprit cette fois la route de Vouvray qu'il était trop tard pour atteindre, ou plutôt pour des raisons que le colonel seul connaissait, la brigade s'arrêta à Cussy-les-Forges, les compagnies se séparant le moins possible pour s'héberger. Au reste, le sommeil n'allait pas être long ; à deux heures, les chefs de compagnie recevaient l'ordre d'éveiller leurs hommes, à trois heures la brigade était en marche sur Vouvray qu'elle atteignit à cinq heures. Le colonel fit faire halte en ordonnant le plus de silence possible ; les cafetiers et hôteliers se levèrent à la hâte avec d'autant plus d'empressement qu'ils entendirent et comprirent que c'était des Français. Ordre leur fut donné de ne pas ouvrir les devantures, à moins qu'il n'y eut pas d'autres portes. Ils comprirent ; les hommes restaurés quelque peu, reprirent leur route par des chemins vicinaux ou de desservitude dans lesquels les convoyeurs n'étaient guère à l'aise avec leurs attelages. Vers neuf heures, la brigade entrait à La Roche-en-Breuil, petite ville qui doit être fort agreste alors que le soleil et le printemps la dépouillent de son manteau de neige. Tout-à-coup, une fusillade éclate en avant du bourg, la colonne s'arrête, le colonel se porte en avant, les compagnies attendent des ordres, le silence est absolu ; une balle est venue frapper un enfant sur l'escalier d'une maison. Le colonel revient et fait reprendre la marche. Voici ce qui s'était produit : la deuxième brigade, colonel Lobia, avait délogé l'ennemi de Saulieu, et l'occupait ; de même que les Allemands, les éclaireurs de Lobia battaient les chemins en tous sens et chevauchaient ce matin-là vers La Roche, ignorant la présence de la quatrième brigade.

Le brouillard était très épais, les cavaliers de Lobia, aperçurent tout-à-coup d'autres cavaliers ; ne fut-il pas crié « Qui vive ? », n'y répondit-on pas ? tant est qu'ils tirèrent, ceux de la quatrième s'élancèrent le sabre au poing... on peut juger de l'étonnement des uns et des autres en se reconnaissant. L'un des francs-cavaliers de Ricciotti et l'enfant dont nous venons de parler étaient tombés victimes de cette regrettable erreur dont la densité du brouillard était la seule cause.

Cette douloureuse circonstance attrista la journée. Si au moins c'eut été l'ennemi ! La marche devenait monotone : « *Ne les rencontrerons-nous pas ; ont-ils évacué le territoire ; où se cachent ces ours ?* » se demandaient avec rage les volontaires. La réponse n'allait pas tarder.

La colonne arriva à Précy-sur-Thil, riche localité à l'apparence bourgeoise, où elle rejoignit la route de Château-Chinon à Semur. Là les hommes éprouvèrent quelques difficulté à se loger ; ils étaient importuns : « *Le gouvernement devrait bien coucher ses hommes, sans en charger les autres !...* » Il faut avouer que le cœur se sent affecté, lorsque dans cette patrie pour laquelle il souffre, pour laquelle il va peut-être mourir, le soldat, le volontaire, rencontre l'expression de tels sentiments. Ne nous y arrêtons pas !

En ce lieu, un monsieur à la mise élégante, que nul ne connaissait, interrogeait les volontaires sur leur nombre, la destination de la brigade, sa composition, etc. On prévint le lieutenant du Mont-Blanc ; celui-ci aborda l'étranger et l'interrogea sur son identité ; il déclara arriver de Metz, où il était directeur des haras et venu avec un sauf-conduit pour affaires en Bourgogne et dit se nommer Liégeard. Le lieutenant avait donné, *en patois*, l'ordre à un homme d'aller prévenir le commandant qui arriva sur l'heure. L'étranger quitta le ton de supériorité qu'il avait employé avec le lieutenant, officier subalterne, lorsqu'il fut en présence d'un officier supérieur.

Et quelque peu embarrassé par le droit et clair regard du commandant qui fouillait le sien, l'homme s'embrouillait dans ses réponses et sa main semblait vouloir retirer un ruban rouge qu'il portait. Il avoua avoir visité Autun, Château-

Chinon et être arrivé dans la journée pour se rendre à Dijon après avoir terminé quelqu'affaire à Montbard. Le commandant le fit arrêter et conduire, sous bonne garde, au colonel qui, après avoir interrogé le personnage, approuva et complimenta le commandant dont il sanctionna la décision. Le voiturier, qui était au service de cet homme déclara ne pas le connaître et ajouta que, bien qu'il ne lui ait pas communiqué ses affaires, il l'avait vu, à plusieurs reprises interroger des personnes, mais hors de sa présence.

Le Liégeard fut expédié au quartier général, à Autun dès le lendemain.

Ce même jour, 6 janvier, la colonne arrivait à Semur, chef-lieu d'arrondissement de la Côte-d'Or. La garde nationale y était sérieusement organisée ; les forces de l'ennemi à Montbard étaient considérables ; les chefs de compagnie reçurent l'ordre de tenir bien en main leurs hommes ; la caserne de gendarmerie fut assignée comme casernement aux Alpes et au Mont-Blanc qui durent fournir les grand'gardes lesquelles furent renforcées le soir. Les autorités étaient en permanence ; il y avait « quelque chose en l'air » disaient les nôtres.

Un poste de 48 hommes sous les ordres du lieutenant du Mont-Blanc, comprenant 24 chasseurs des Alpes et de la Haute-Savoie et 24 citoyens gardes nationaux, avait été établi sur la partie gauche de la ville, commandant les routes de Montbard, d'Arnay-le-Duc et l'Yonne. Toutes les issues, ayant leurs postes, étaient gardées. Les sentinelles bien qu'assez avancées étaient suffisamment rapprochées entre elles, autant que le permettait la configuration du sol ; le silence était absolu dans la ville dès la clôture de la nuit,

Le commandant Michard fit, cette nuit-là, les rondes des postes ; à dix heures, il se trouvait à celui que commandait le lieutenant du Mont-Blanc, quand un coup de feu suivi d'un autre, retentit à une assez courte distance. L'officier prit un homme avec lui et tous deux allaient s'élancer en reconnaissance quand le commandant ordonna au poste de se tenir sous les armes. Au même instant, une sentinelle crie : « Aux armes, l'ennemi ! » Les 24 chasseurs sont jetés en avant, les gardes nationaux demeurent sous les armes devant le poste, par ordre du commandant. Les hommes marchent en file indienne de chaque côté de la route ; les deux officiers, l'arme au poing, sur la chaussée ; une masse noire tranchant sur la neige, semble se mouvoir. « Qui vive ? » crie le commandant. Pas de réponse ;

« Qui vive ? » répète-t-il ; même silence ; puis un mugissement sonore, les deux officiers se jettent en avant... Tonnerre et sang ! un troupeau ! dix-sept bœufs sans conducteur. On chercha et on trouva celui-ci à demi-mort de peur dans le fossé de la route.

Ce bétail était à destination de Dijon, pour un sieur Arbillot[1] et destiné à l'alimentation des troupes allemandes occupant cette ville. Le troupeau fut emmené à Saumur ; le poste reprit son ordre de service qu'avait un instant interrompu cet incident.

Vers une heure, un autre convoi de quinze bœufs passa, cette fois on s'en empara tout simplement, il fut conduit à la place comme le précédent. Certes, la prise était bonne, il ne faut point, en ces circonstances, mépriser le peu.

La nuit s'écoula sans autre événement. Le samedi matin 7, le lieutenant du Mont-Blanc se rendit à la place où il rencontra le commandant qui lui donna l'ordre de relever le poste, sauf les gardes nationaux qui le seraient plus tard, et d'avertir les chasseurs Alpes et Mont-Blanc de se rallier à la caserne de gendarmerie pour le départ en reconnaissance, ce qui fut fait.

A neuf heures, les deux compagnies de Savoie, au chiffre de 164 hommes, sous les ordres du commandant Michard, quittaient Semur et s'engageaient sur la route de Montbard ; le temps était sombre ; le brouillard intense, bruinait, « le brouillard pisse », disaient nos hommes ; la route verglassée fit faire plus d'une *cupesse*. Le commandant avait divisé sa troupe, le lieutenant et trente hommes en avant-garde ; le capitaine avec sa compagnie moins ces trente hommes, puis les chasseurs des Alpes. L'avant-garde devait prendre tous les renseignements à droite et à gauche de la route ; en conséquence, le lieutenant détacha le sergent Dunand, de Thonon, avec douze hommes chargés de passer dans les hameaux voisins et de se nantir de tous les renseignements possibles ; le sergent Bally, avec même ordre et même effectif, fut envoyé sur la gauche ; tous deux devaient rallier au pont de Chevigny au plus tôt et avant midi.

Il était onze heures quand le lieutenant arriva au pont avec les quelques hommes qui lui restaient.

Là commence une vallée assez étroite dont le fond est occupé par une rivière ; les coteaux qui l'enserrent, assez accidentés et

1 C'est celui que le général Cremer fut accusé d'avoir fait fusiller malgré son innocence.

élevés de quelques centaines de mètres, sont boisés. Les derniers contreforts de ces côtes portent des hameaux de communes rapprochées les unes des autres ; cette vallée décrit un petit arc du côté de Montbard et fait de même vers Semur, ce qui lui donne la forme d'un S très ouvert. Au bout du pont de Chevigny se trouve une forge et sur une légère élévation, le village de Chevigny, dominant la route dans la course de l'S. Le capitaine arriva, les hommes se massèrent comme ils purent dans la forge et les locaux de la maison.

Le capitaine ne permit à personne d'aller jusqu'au village, cependant peu éloigné ; le commandant arriva avec les Alpes, puis un peu après, le sergent Bally qui lui fit son rapport. Le commandant assembla les officiers et leur déclara qu'il fallait s'attendre à une rencontre et, qu'en conséquence, il leur fallait tenir leurs hommes dans la main. « Que celui qui a quelque chose à se mettre sous la dent le fasse », dit-il. Le brouillard n'avait rien perdu de sa densité et cette humidité incommodait comme aussi le froid pénétrant : on battait la semelle, et les quolibets, les narquoiseries n'avaient plus leur vivacité ordinaire. Dunand ne revenait pas, le commandant s'en montrait inquiet : par ce temps, cette brume, le sergent avait pu dépasser Chevigny et perdre sa direction.

Voici quels avaient été les renseignements apportés par le sergent Bally : ordre avait été donné, par l'ennemi, dans la matinée, aux communes de la vallée de tenir prêtes pour l'après-midi des réquisitions consistant en lard, fromage, vin, paille, avoine, son, pommes de terre, etc., etc.

Le commandant envoya à Chevigny un officier qui, à son retour, confirma le rapport du sergent Bally. Il était midi et quart et Dunand n'était pas de retour ; tout-à-coup, une décharge, comme un feu de salve retentit vers *Champ-d'Oiseau* à l'étranglement de la vallée, à deux ou trois cents mètres.

« Aux armes ; en ordre ; en tirailleurs ; en avant ! » commande Michard d'une voix forte entendue de tous. On se fut cru à une manœuvre tant le mouvement fut rapide et correct, nous allions dire mathématique. Il fallait les 164 hommes pour que la chaîne des tirailleurs, espacés théoriquement à cinq pas de distance, put tenir toute la largeur du terrain ; donc pas de réserve possible. Quelles étaient les forces de l'ennemi ? Il fallait voir.

Les capitaines Bally et Tappaz étaient au centre, le lieutenant des Alpes à droite, le lieutenant du Mont-Blanc à gauche.

« Vive la France ! En avant ! » crie le commandant.

Avant de commencer ce récit avec les premiers coups de feu, disons ce qui venait de se produire en avant.

Ainsi que l'avait craint le commandant, le sergent Dunand et sa petite troupe avaient en effet dépassé Chevigny, que leur avait voilé le brouillard ; ils arrivèrent à un chemin descendant des hameaux du coteau droit de la vallée à la grand'route. A cette jonction se trouvaient des buissons d'osier ; le sergent se demandait s'il devait poursuivre par la grand'route ou retourner en arrière ; où diable était Chevigny ? et personne pour se renseigner. Comme le sergent Bally, il avait appris l'approche de l'ennemi. En cet instant apparurent deux cavaliers descendant le chemin de la côte ; il fait coucher ses hommes dans les buissons et laisse passer les deux hussards de la mort, qui fumant et baragouinant en chevauchant, ne les aperçurent pas et prirent la grand'route. Au même moment, un bruit sourd se fit entendre dans la direction de Montbard. « Les voilà, et les nôtres qui sont à Chevigny vont être surpris ! » pensa le sergent. Il fit agenouiller ses hommes dans les buissons bordant la route et tous se tinrent prêts à tirer. Le bruit approchait, enfin un peloton de cavalerie apparut, devisant gaîment. Lorsqu'il fut en face d'eux : « Feu ! commanda le sergent. » Les hussards tombent, les chevaux se cabrent, nos treize vaillants sautent dans le brouhaha, *su le moué* (sur le tas) — nous dit l'un d'eux —, de la crosse et de la bayonnette. Ceux qui n'étaient pas tombés se rabattirent en hâte, affolés par cette attaque à bout portant.

Alors, profitant de l'instant et du brouillard, les chasseurs se dirigèrent sur Chevigny, en hâte, on peut le croire ; ils rencontrèrent vite la ligne de tirailleurs qui marchait en avant. « Mon commandant, c'est tout un corps : cavalerie, artillerie, infanterie, le diable et son train ! », dit le sergent en abordant Michard ; « C'est bien, mes enfants, entrez à vos rangs et en avant ». L'un des hommes arrivait à son pas ordinaire, paraissant porter une charge ; c'était Carrier, le colosse du Mont-Blanc : il n'avait pas voulu revenir à vide, avait achevé peut-être « *le moué* » et s'était fait un bon fagot de sabres, sabretaches, mousquetons. Il avait même un kolback de hussard de la mort qu'il avait mis sur sa tête, pour le porter plus commodément et à l'envers ce qui, en d'autres circonstances, eût produit une inextinguible hilarité.

C'étaient bien les 1,500 hommes qui devaient venir occuper

Semur ; en quelques instants, ils eurent pris leurs dispositions de combat, divisant leur infanterie; leur gauche fit face à notre droite et leur droite à notre gauche ; la colonne, sans déploiement; au centre, leur artillerie et leur cavalerie que masquaient deux sections d'infanterie. Ils jetèrent en avant un escadron chargé de reconnaître les forces qu'ils avaient devant eux et qui vinrent se heurter à la ligne de tirailleurs français. En constatant l'étendue de cette ligne, ils pensèrent fort judicieusement que de sérieuses réserves l'appuyaient. Voilà pourquoi ils divisèrent ainsi leurs forces d'infanterie, manœuvrant pour tourner nos ailes.

Le feu avait commencé sur toute la ligne avec un terrible acharnement.

Lorsque le commandant arrêta le mouvement en avant, les combattants n'étaient pas à 200 mètres de distance et, vers les ailes, les deux groupes d'infanterie ennemie gravissaient les pentes pour les tourner. Le lieutenant du Mont-Blanc, voyant ce mouvement, n'attendit pas d'ordres. « Coûte que coûte, se dit-il, il faut atteindre la hauteur et empêcher d'être tourné. » Il enleva donc la gauche ; l'ennemi dirigea un feu terrible vers ce point qui, se trouvant dénudé, avec les uniformes noirs formant cible sur le blanc tapis de neige, pouvait anéantir notre gauche. « Hue ! hue ! mes enfants ! » Là tombèrent Derout, Rosset, Francoz. Ils n'atteignirent pas moins le sommet, au nombre de huit, le lieutenant portant ce chiffre à neuf.

Les chasseurs avaient heureusement rencontré sur le mamelon un contre-bas, creux d'une ancienne carrière apparemment; ils s'y jetèrent et purent reprendre haleine un instant, tandis que l'ouragan de plomb passait sur leur tête. Les ennemis crurent sans aucun doute l'extrême gauche des nôtres fauchée ; leur feu contre le mamelon se ralentit pour diriger toute sa vivacité sur la ligne qui demeurait ferme et dont le feu faisait de terribles brèches dans les rangs allemands. Le commandant, sans souci des balles, allait d'un bout de la ligne à l'autre, fortifiant les tirailleurs de sa parole respectée, leur recommandant la mobilité et l'espacement pour ne pas donner de point de mire.

Tappaz, Chavin, capitaine et sous-lieutenant, tout en faisant observer les distances, avaient empoigné des chassepots et prouvaient aux ennemis qu'ils étaient tireurs de chamois au pays et tireurs d'Allemands ce jour-là ; on voyait les corps étendus rayer d'une masse sombre le blanc linceul de la neige; le commandant rayonnait.

La colonne qui tentait de tourner la gauche montait toujours. Les chasseurs de la carrière s'étaient appuyés contre la moraine, leur cartouchière devant eux, et ils attendaient l'ordre du lieutenant qui, debout sur la butte, épiait l'instant où la colonne serait à portée convenable pour recommencer le feu, car il craignait avec juste raison, l'épuisement des munitions « Mont-Blanc, — dit-il —, souvenez-vous du serment et attention au commandement ! »

Ces hommes ne devaient pas sortir vivants du creux où ils se trouvaient si l'infanterie qui gravissait la côte arrivait à eux; ils eurent un retour de bonne humeur et la crâne expression de leurs traits en regardant leur vieux lieutenant, le doigt sur la détente, criait leurs sentiments; oh ! oui, il avait foi en eux.

Les Allemands étaient à 80 mètres au jugé, l'officier cria: « Vive la République ! Feu ! »... Huit hommes tombèrent dans les rangs des assaillants, puis d'autres, puis d'autres encore... ils s'arrêtèrent à vingt pas de ce petit cratère et battirent précipitament en retraite pensant sans doute que ce fatal mamelon recélait une force. Certes oui, il y avait là une force : il y avait des enfants de la France, défendant leur mère!

La retraite de cette colonne entraîna celle de toute leur infanterie qui alla se mettre en bon ordre derrière l'artillerie qui, vu l'espacement de nos tirailleurs et le rapprochement, ne fit que peu ou pas de mal et leur cavalerie fit une dernière tentative sans plus de succès. Les munitions allaient manquer, c'était la grande crainte du commandant qui avait expédié un officier des Alpes pour faire connaître cette situation au colonel qui déjà y avait pourvu ; elles étaient là derrière la ligne, mais l'ennemi n'attendit pas cette distribution ; il se replia en très bon ordre sur Montbard emmenant ses morts et ses blessés pour le transport desquels vingt-neuf véhicules furent réquisitionnés dans la commune de *Champ-d'Oiseau* qui a donné son nom à la journée du 7 janvier 1871.

Les capitaines des Alpes et du Mont-Blanc grillaient de l'envie de se précipiter sur les canons; mais la pensée du commandant était celle d'un chef prudent autant que brave.

Le chef allemand avait dû penser que pour qu'une telle ténacité se produise, il fallait que les « réserves » soient considérables. Or, si le commandant avait poussé plus avant, il forçait l'ennemi à un retour offensif et... la lutte allait avoir d'autres conséquences. La ligne de tirailleurs demeura donc au point où elle se trouvait, chaque homme à son poste de combat ; le commandant gravit le mamelon, les « carriers » étaient noirs de poudre, décolletés, beaux de laideur ! il embrasse le lieutenant, serre la main de chacun, les volontaires étaient émus aux larmes de ce témoignage de leur héroïque chef. « Mon commandant, fit l'officier, nous pouvons aller et... les autres peuvent venir, avec des gars comme ceux-ci. » « Oh ! mes enfants, nous n'avons pas fini le travail, il reste du labeur, mais Vive la France ! »

L'ennemi était en retraite sur Montbard ; les vaillants habitants de Chevigny dont nous ne pouvons assez faire l'éloge vinrent avec civières, linges, et procédèrent au pansement des blessés et au transport des morts.

La nuit venait ; le combat avait duré plus de trois heures dans les proportions incroyables que l'on sait : 164 contre 1,500 ; pas une défaillance ne s'était produite, pas une hésitation : officiers et chasseurs, tous avaient fait leur devoir, en soldats et les habitants de Chevigny en bons Français. Après trente-deux années, nous en témoignons avec bonheur.

Les blessés furent immédiatement dirigés sur l'hôpital de Semur, les morts emmenés dans la soirée furent inhumés par les soins des bons habitants de Semur, qui leur firent de touchantes et imposantes funérailles.

Le colonel ayant appris l'engagement de Champ-d'Oiseau, s'était porté en avant avec la brigade ; il suivait avec grande attention les phases de la lutte, mais il voulut laisser aux Savoyards tout l'honneur de la journée et ramena la brigade à Semur pour la nuit.

Les compagnies vinrent la passer à Chevigny, sauf le lieutenant du Mont-Blanc qui demeura sur le mamelon, dit désormais « de la carrière » avec vingt chasseurs du Mont-Blanc, comme grand'garde en cas de retour offensif.

Les morts étaient un « Alpes » un « Mont-Blanc » et Francoz qui expira pendant qu'on le transportait à Semur, en plus cinq blessés, soit huit hommes hors de combat.

Le soir eut lieu un conseil des officiers savoyards ; le compte-rendu de la journée fut envoyé à Chambéry, Annecy, Albertville et Bonneville.

Cette grande petite victoire de un et demi sur quinze avait accru la force morale de nos hommes ; ils étaient satisfaits d'eux et reportaient leur pensée vers leur famille, leurs montagnes. « *Y vont y savai u paï* » disaient-ils et le gros Carrier, l'ordonnance du capitaine (il avait rapporté encore un fagot d'armes ce bon Carrier !) : « *Lous Allemands, mau z'infants, y est pas la mé à boire !* », disait-il en levant les épaules et il rallumait sa bouffarde.

Le lendemain, dimanche, les deux compagnies se groupèrent et vinrent se ranger à sept heures au bord de la route ; la brigade, colonel en tête, arrivait de Semur ; dès que celui-ci aperçut les Alpes et le Mont-Blanc, il fit placer la brigade par demi-sections au port d'armes et vint, entouré de son petit état-major, complimenter les deux compagnies. « J'ai voulu, dit-il, mes braves, vous laisser tout l'honneur. Au nom de la brigade, au nom de l'armée des Vosges, je vous félicite ! » Il serra la main des officiers, alla se replacer en tête de la brigade et commanda le défilé au port d'armes devant les deux compagnies qu'acclamaient leurs camarades ; le drapeau du Mont-Blanc, qui devint par la suite celui du bataillon, était salué de l'épée par les officiers ; les compagnies honorées présentaient les armes.

Voilà comment le jeune chef récompensait ses soldats !

Cette ovation, cet honneur avaient profondément touché les camarades ; ils étaient heureux et fiers : « *Poé, y vont savé san chi no* », disait encore Carrier et même son chien Black, qui marchait crânement la queue en trompette derrière les clairons, était content. Ah ! c'est qu'il avait sa part de gloire, lui, le chien du Mont-Blanc, si connu de toute la brigade par les services qu'il a rendus aux avant-postes, à nos sentinelles perdues et qui est mort au champ d'honneur ; il a bien mérité que son nom soit rappelé en ce récit.

Les « carriers » (le poste du mamelon) avaient été relevés et avaient rejoint la compagnie ; celle-ci prit son rang et la brigade se remit en route en saluant de ses acclamations le champ de bataille qu'elle traversa.

Elle marchait vers Montbard et tous savaient que l'on allait droit à l'ennemi. Un peu avant d'arriver sous Montfort, on fit une halte et tous purent entendre des coups de feu, voir la fumée sur la hauteur qui domine Montbard et qui, avec Crépont à gauche, couronne l'entrée de la vallée venant à Semur ; puis des cavaliers descendirent la côte. Le colonel fit prendre la montée à travers champs, la brigade grimpa hardiment et traversa Montfort, s'engagea dans un bois et l'ayant traversé, se trouva sur un vaste plateau, dominant les vallées de Semur et de Montbard à Tonnerre. Encore une fois, les ennemis étaient trompés ; ils occupaient les hauteurs de droite, nous nous trouvions sur celles de gauche, en face d'eux, menaçant Montbard par un point qu'ils n'avaient pas prévu. Rapidement ils descendirent dans la vallée pour tenter l'assaut des hauteurs de Crépont ; notre convoi, qui n'avait pu monter, fut pris ainsi que les docteurs Carret et Lilinski qui furent emmenés prisonniers.

Par le chemin qui de Crépont monte sur le haut plateau, le plus facile, le gros de leurs forces faisait l'ascension, pendant que d'autres montaient par toutes les côtes, dans tous les sens. Le feu s'ouvrit contre les assaillants venant par Crépont, ce village se trouvait à 200 mètres en contre-bas du plateau ; les chasseurs de l'Isère et de la Loire, sous le commandement du brave capitaine Albert de Laberge, mort sénateur de la Loire, causèrent d'énormes pertes aux corps d'assaut et arrêtèrent leur marche, malheureusement ils se laissèrent emporter par leur fougue et descendirent à la bayonnette jusque dans le village où la lutte fut terrible et où ils laissèrent sept hommes, mais ils empêchèrent le mouvement ascensionnel de l'ennemi.

Une section du Mont-Blanc et des Alpes se porta à l'extrémité du plateau et le capitaine avec les autres hommes à la crête de gauche. Toutes les crêtes étaient garnies de nos tirailleurs qui, couchés et tirant dans cette position faisaient de terribles ravages dans les rangs des assaillants par la justesse de leur tir due à ce qu'ils pouvaient appuyer leurs armes.

L'artillerie ennemie s'était établie sur le plateau d'en face, les obus arrivaient nombreux, mais ne causaient pas grand dommage.

Cependant le nombre des Allemands, malgré leurs pertes, leur permit d'atteindre les hauteurs ; ils avaient vu la brigade monter vers Montfort et avaient pu juger de sa force qui était de 600 hommes. Devant le grand nombre d'ennemis qui sans cesse atteignaient le plateau, le colonel fit sonner la retraite que le commandant et le lieutenant du Mont-Blanc n'entendirent pas ; ils furent attaqués de toutes parts et ils se mirent à la hâte en retraite en continuant leur feu. De leur côté, les ennemis, essoufflés par la montée, étaient nécessairement obligés de reprendre haleine ce qui permettait aux nôtres de gagner du terrain pour rejoindre la brigade. Mais, si la fonte de la neige ne permettait pas une marche rapide, il en était heureusement de même pour les Allemands. Sans cette circonstance, il est fort certain que le commandant, le lieutenant et leurs hommes n'eussent jamais redescendu le plateau.

On avertit le colonel de l'absence de cette section ; il envoya la compagnie des francs-tireurs de Toulouse qui les dégagea et ils purent rejoindre la colonne, en route sur Montfort. Bravo, Toulouse, et merci ! L'ennemi ne poursuivit pas ; on s'en étonnait ; nous ne savions guère ce qui nous attendait.

A Montfort, les hommes furent répartis chez les habitants pour prendre quelques aliments et un peu de repos. Ils apprirent alors qu'après leur passage, des cavaliers prussiens avaient traversé Montfort, traçant sur les portes cette inscription significative :

PRUSSE
PRUSSE GARIBALDI CAPOUT PRUSSE
PRUSSE

La nuit vint; tout était silencieux dans Montfort ; volontaires et habitants parlaient à voix basse. Le colonel prévint les chefs de compagnie et leur communiqua cet ordre : « Nous sommes cernés, nous n'avons aucune issue, mais courage et prudence. A une heure, les compagnies se grouperont sans bruit ; hormis les munitions, tout sera abandonné qui peut gêner la marche. Sous peine de mort, il ne sera pas prononcé une parole, excepté à voix basse ; les hommes veilleront à ce que l'on n'entende aucun bruit d'armes ; les sabots des chevaux seront entourés de chiffons qui amortiront le bruit des fers. »

Durant le combat, l'ennemi avait pris les mesures suivantes : des forces s'étaient portées vers Champ-d'Oiseau, à l'étranglement de la vallée, sur la côte qui fait face à Montbard et sur le haut de Montfort, voilé par les bois. C'en était fait, nous étions pris, mais nous avions une confiance illimitée en notre jeune colonel et nous ne devions, pas plus cette fois que d'autres, être trompés.

Avec des chevaux pris à Châtillon-sur-Seine, Ricciotti avait monté un petit escadron d'éclaireurs qui avaient nom : « Francs-cavaliers de Châtillon » au nombre de 82 : c'était la cavalerie de la 4e brigade. Quant à son artillerie, elle consistait en deux tirailleuses de 8 canons chacune soit seize balles, qui étaient montées sur deux roues et que tiraient deux hommes, plus un petit canon sur un trépied, don du directeur des mines d'Epinac à des francs-tireurs et que ceux-ci voulurent emporter, un homme le portant sur ses épaules.

Après minuit, une nuit sans lune, sombre et froide, on entendit crépiter une fusillade vers Champ-d'Oiseau, puis des feux de salve, des bruits de voix, qu'était-ce ? Et le feu crépitait de plus belle, il y avait donc un combat ; toutes les compagnies se rangèrent dans le plus grand silence, la brigade se mit en marche, on eut dit un long serpent noir descendant la vallée ; on traversa un pont sur la rivière qui en occupe le fond et on fit halte au pied de la côte. Pas un bruit, pas une parole, on se remit en marche, la fusillade augmentait ; la colonne arriva au petit col et descendit l'autre versant. Le Mont-Blanc était d'arrière-garde. De la cavalerie venant derrière nous, on juge de l'inquiétude du capitaine; il fit avertir le colonel qui répondit : « Silence, et marchez ! » ; c'étaient les francs-cavaliers de Châtillon. Le colonel avait bien joué ; nos éclaireurs étaient allés tirailler contre l'infanterie gardant Champ-d'Oiseau ; ceux-ci, croyant au passage des volontaires, tirèrent; nos cavaliers répondirent tout en se retirant ; la colonne qui gardait le petit col que la brigade venait de franchir, crut aussi que celle-ci se rabattait sur Semur et vint se joindre aux forces postées à Champ-d'Oiseau.

Certains qu'enfin ils tenaient « *ces coquins de francs-tireurs* », les Allemands descendirent pour nous prendre entre deux feux ; ainsi, ils dégarnirent le col, abandonnèrent le passage dont profita la brigade qui le franchit impunément et à sept heures atteignit la route nationale de Paris à Dijon.

Et nos loustics s'en donnaient à cœur joie de les plaisanter. Carrier disait à ses voisins : « *Y est bon bougres lou z'Allemands, quand on lou z'a ben frotta le naz, y se tourzane pè no lassi passà* ». (Ce sont de bons garçons, les Allemands, quand on leur a bien frotté le nez, ils se rangent pour nous laisser passer.) Au lever du soleil, malgré la fatigue et la faim, la bonne humeur était revenue ; le colonel, radieux, marchait au milieu des hommes, riait avec eux. « Chantez mes enfants, — dit-il, — allons, la Savoie, un bon couplet de vos montagnes. » Tous entonnèrent *Les Allobroges*.

Une heure après, la colonne était à Lannes ; elle avait glissé comme une anguille entre les doigts des Allemands : « Il ferait bon voir la tête qu'ils font ce matin », disait-on.

Il serait peut-être bon, avant d'aller plus loin, d'apprendre au lecteur de quels éléments était composée cette brigade dite « des francs-tireurs savoyards ». C'était : un petit état-major ayant à sa tête le capitaine Tarelli-Cox, le lieutenant Georges Thiébaud et le sous-lieutenant Franzoni ; les francs-cavaliers de Châtillon, peloton de cavalerie d'une trentaine d'hommes suivant la brigade, le complément des 82 battant la campagne isolément en toutes directions, éclairant la brigade; en artillerie, ainsi que nous l'avons dit, deux tirailleuses traînées à bras par deux hommes chacune; le petit bataillon Allobroge, composé des trois compagnies Alpes, Isère, Mont-Blanc, à peu près de 250 hommes; les chasseurs de la Loire (de La Berge), une soixantaine d'hommes; le petit bataillon Nicolaï, d'une centaine; l'Aveyron, une quarantaine; les francs-tireurs dolois (Habert), 30 hommes; la Croix de Nice, autant; Toulouse, une centaine; les Enfants perdus; les Eclaireurs de Caprera et les francs-tireurs des Vosges (Valter) en tout six cents hommes.

Mais revenons à notre récit.

Les hommes occupent le côté ouest du vaste cirque où aboutissent au nord, la vallée qui va vers Châtillon; à l'ouest celle de Montbard; au sud, celle de Semur et celle de Viteaux à l'est. De ce côté est Alise-Ste-Reine, l'antique *Alésia* sur la hauteur de laquelle s'élève la statue du grand gaulois *Vercingétorix* et la plaine que traversait ce matin-là la brigade est le champ de bataille où fut anéantie la liberté gauloise. Cette pensée se communiqua de rang en rang, tous les regards montaient sur cette *Alésia* où il y a deux mille ans, nos grands ancêtres luttèrent, souffrirent et moururent pour la même cause; leurs descendants, le cœur plein d'émotion à ces grands souvenirs, sur ce sol arrosé du sang des Gaules, s'arrêtèrent, tournés vers la statue du chef des cent vallées; un grand cri retentit, sorti de six cents bouches, de six cents cœurs: « Vive la France! Vive la République! » Et la colonne gravit la montagne par la route de Flavigny.

Arrivés sur la hauteur, les volontaires de la 4e brigade purent voir déboucher les colonnes allemandes à leur poursuite dans la vallée de Montbard. La position était belle et bonne; là, sur la droite, la grande statue du héros Arverne; il courait un frisson enthousiaste en toutes ces âmes, des cris de provocation étaient jetés à l'adresse des ennemis arrêtés dans la plaine: « *Venez donc, montez à nous, Teutons, que votre sang aille rafraîchir celui de nos pères, desséché par les siècles!* »

Ils oubliaient les fatigues de ces trois journées et la faim; les regards allaient de Vercingétorix aux ennemis; ceux-ci, d'ailleurs, ne tentèrent pas de suivre la brigade; ils reprirent la direction de Montbard et nous celle de Flavigny où nous arrivâmes vers trois heures.

Ces instants-là sont inoubliables!

Les hommes étaient à bout de forces; ils éprouvèrent les

plus grandes difficultés pour se procurer quelque nourriture, non par suite de l'apathie ou de la mauvaise volonté des habitants, mais pendant deux jours consécutifs, les Allemands s'étaient abattus sur ce malheureux petit chef-lieu de canton et l'on sait ce que l'on peut trouver après le passage des *Kaiserliks !* Tant bien que mal la nuit s'écoula. De solides grand-gardes avaient été placées sur tous les chemins, mais il n'y eut aucune alerte.

Le lendemain, mardi 10 janvier, la brigade se remettait en route, les compagnies suivaient les guides sans trop savoir si on allait vers le nord ou le midi, tant le brouillard avait de densité. A dix heures, on rencontra des francs-tireurs du Tarn lesquels annonçaient que l'ennemi battait la campagne et qu'en conséquence il devait être en force non loin de là. Les hommes n'en avaient souci, le colonel « savait » pour eux, ils n'avaient nulle préoccupation, moins encore d'appréhension à cet égard; « le colonel était là ».

Honneur aux chefs qui savent inspirer une telle confiance, une telle affection, à de tels hommes !

La brigade atteignit après une montée assez abrupte, la route de Montbard à Dijon, qu'elle traversa et marcha quelques moments à travers champs. Le colonel l'arrêta et détacha les deux compagnies de Savoie, sous les ordres du commandant Michard, avec ordre de prendre la direction de gauche, de traverser Villeneuve et de se porter de là sur *Baigneux-les-Juifs*, de se masquer sous bois près de ce bourg et d'attendre, pour se jeter dans Baigneux, d'entendre le feu ou le clairon sonner la charge. Le commandant fit partir en avant-garde le lieutenant et le sous-lieutenant Chavin avec quelques hommes. Ceux-ci vinrent déboucher dans le village de Villeneuve et aperçurent quatre chevaux devant l'auberge du lieu ; aux chabraques, on reconnut des chevaux de cavalerie allemande : on les atteignit en rasant les maisons et l'un des officiers, avec deux hommes, se précipita dans l'auberge le sabre au poing et fit prisonniers les quatre cavaliers attablés et servis qui, à demi-morts de frayeur, se rendirent incontinent. Le commandant arriva et l'on continua la marche, emmenant chevaux et cavaliers ; à 200 mètres de Baigneux, à droite de la route, était un bois dans lequel le commandant plaça ses hommes, attendant le signal, selon l'ordre du colonel. Ils n'attendirent pas longtemps, le clairon retentit ; le commandant, — laissant quelques hommes à la garde des prisonniers — et les compagnies se précipitèrent sur Baigneux par le côté sud tandis que le colonel entrait par le nord. Les Allemands faisaient charger leurs réquisitions sur les fourgons et les voitures, d'autres avaient allumé de grands feux autour desquels ils buvaient et mangeaient, quand tout-à-coup les balles se mirent à pleuvoir sur eux, tandis que luisaient les redoutables bayonnettes des francs-tireurs. Ce fut alors, un inénarable sauve-qui-peut, à travers champ; certains, immobilisés par la terreur, se laissent prendre, tandis que les nôtres poursuivent les fuyards; le clairon les rappela.

Nous devons raconter ici un fait qui peint bien le cœur de nos volontaires : rappelé de sa poursuite, un groupe de chasseurs passait près d'un lavoir, quand l'un d'eux aperçut cinq ou six têtes aux yeux effarés émergeant à la surface du bassin. Il rappelle ses camarades et ils s'apprêtaient à piquer ces têtes de la pointe de leurs sabres-bayonnettes pour s'assurer que c'étaient bien des têtes humaines, lorsque les dites têtes se levèrent : on constata qu'elles appartenaient à des corps ruisselants d'eau, comme on peut penser. Ils sortirent de cette baignoire où la frayeur les avait fait se cacher. C'étaient des jeunes gens d'une vingtaine d'années; nos chasseurs les emmenèrent à la course en un logis, les déshabillèrent prestement, les frictionnèrent pour rétablir la circulation du sang, firent grand feu pour sécher leur linge, leur donnèrent du vin bouillant, les enveloppèrent de couvertures, enfin, leur prodiguèrent tous les soins nécessaires, puis les réunirent aux autres prisonniers. En eussent-ils fait autant à l'égard de Français? Il est permis d'en douter; que de fois nos francs-tireurs n'ont-ils pas partagé leur pain avec leurs prisonniers! Voilà cependant les hommes dont certaines gens ont tant médit!

Le lendemain, tous les prisonniers étaient emmenés à Dijon par les gardes nationaux.

Les habitants de Baigneux reprirent toutes leurs denrées de réquisitions, sauf le vin qu'ils furent heureux d'offrir aux volontaires.

L'arrivée de ces derniers s'était produite fort à propos pour ces braves gens, car, outre la reprise de leurs denrées, les officiers réquisiteurs n'avaient pas eu le temps de toucher la contribution pécuniaire imposée; les braves habitants refirent donc nos estomacs qui en avaient un réel besoin, à la grande satisfaction de tous.

Avant l'aube, la brigade était en route pour Aignay-le-Duc,

où elle arriva peu après sept heures ; le colonel espérait que les réquisiteurs se présenteraient et les mesures étaient prises pour qu'ils vinssent en toute assurance dans Aignay, les chasseurs ayant reçu l'ordre de ne pas quitter leurs maisons.

Mais les ennemis avaient acquis un surcroît de prudence ; ils envoyèrent une avant-garde pour s'assurer *de visu* s'il n'y avait aux alentours aucun de ces maudits francs-tireurs ; mais celle-ci vint se faire prendre à Aignay et le corps de réquisition ne le voyant pas revenir, n'osa sans doute tenter l'aventure et ne se présenta pas.

Le colonel fit reposer deux jours la brigade qui en avait un besoin urgent, comme on pense bien ; les braves habitants d'Aignay donnèrent à nos soldats la plus française hospitalité dont la brigade ait gardé le souvenir.

La colonne reprit sa marche par Etalente, elle arriva un peu avant la nuit à Avod où elle coucha et rencontra la 3e brigade qui y faisait étape. Le lendemain, par Cîteaux, elle arrivait dans la soirée à Is-sur-Tille d'où elle partit le lendemain pour Dijon par la route de Langres.

A l'arrivée, la brigade vint se ranger devant le quartier général ; depuis plusieurs jours, le général en chef était sans nouvelles de la 4e brigade ; on peut juger quelle était l'inquiétude du grand et illustre vieillard. « Je veux des nouvelles, disait-il, à son chef d'état-major, le général Bordone, si mon fils est mort, c'est que ses braves sont tous tombés aussi, je veux la vérité, toute la vérité ! » On pense quelle fut l'émotion de ces deux grands cœurs à cette première entrevue ; le colonel présenta à son père les officiers de la 4e brigade, il serra la main de chacun chaleureusement, leur adressa d'élogieuses paroles en vantant leur bravoure et leur dit combien il était heureux de posséder sous ses ordres des hommes dont il appréciait hautement les qualités de résistance.

La brigade défila devant le général en chef qui avait le colonel à son côté. Les habitants de Dijon firent une ovation aux volontaires.

Chacun se logea comme il put et il fut donné huit jours de repos, du moins si les circonstances le permettaient. Au reste, les hommes se remirent vite. La ville était encombrée de troupes, les logements tous occupés, il n'existait plus un seul local pouvant servir à un casernement quelconque et chacun dut s'ingénier à se procurer un abri, quel qu'il fût.

Le 19, la compagnie du Mont-Blanc prit un service de grand-garde, dans un bois dominant la vallée de Morges et y passa la nuit. Cette dernière localité étant occupée par l'ennemi, la plus grande vigilance était de rigueur. Vers deux heures du matin, une petite voiture attelée de deux petits chevaux, bien connue de tous, se présenta aux sentinelles; c'était le général en chef faisant son inspection; il s'enquit des observations faites dans la journée, de ce qui pouvait s'être produit, donna ses instructions et continua son inspection se dirigeant vers d'autres points. L'ennemi sortit de Morges vers huit heures du matin et se dirigea vers l'est, en suivant la vallée; on en informa immédiatement le quartier général et quelques heures plus tard, la grand'garde, relevée rentrait à Dijon.

Le 20, il y eut repos. Le 21, à 6 heures, la brigade se réunissait et prenait la route de Langres qu'elle quittait au-delà de Pouilly pour celle de Saint-Seine-l'Abbaye. A dix heures, elle arrivait à Messigny et dans les bois de cette commune elle entendait crépiter une fusillade.

Les hommes étaient sans sacs, deux ou trois fourgons de munitions suivaient la colonne. La vivacité du feu augmentait au fur et à mesure que les compagnies débouchaient sur la place; l'ennemi qui débordait de toutes parts, se retrancha bientôt en grand nombre dans le cimetière et dans les maisons du haut du village.

Il fallut assiéger chacune d'elles et, comme le feu du cimetière que protégeait une batterie, faisait beaucoup de mal, il fut résolu de l'enlever; un assaut enragé fut donné, la batterie, dont presque tous les pointeurs tombaient, changea de position; en cet instant, les hommes du bataillon Allobroge sautèrent dans le champ des morts. Ce fut là un vrai carnage; l'ennemi lâcha prise, puis revint, la batterie qui avait changé son front continuait néanmoins à voir tomber successivement les pointeurs, qu'abattait le feu d'un Mont-Blanc, Boissier, de Mont-Saxonnex, chasseur de chamois, lequel embusqué sur un toit, derrière une cheminée, avait pris pour objectif de son tir les servants de l'artillerie allemande. L'infanterie ennemie ébauchant un mouvement tournant, fut arrêtée par le feu nourri et meurtrier de la compagnie « les Enfants-Perdus de la montagne » (Capitaine Durrier); les Allemands levèrent alors la crosse de leurs armes en marque de reddition et le chef accourut pour recevoir les armes : ce fut un tort. A peine les hommes avaient-ils fait cinquante pas hors de leurs positions que les crosses de fusil s'abaissèrent ; un feu terrible faucha un grand nombre des trop confiants volontaires.

Un cri de vengeance retentit ; une compagnie, Toulouse, croyons-nous, arriva au secours des Enfants-Perdus ; les Allemands étaient pris entre deux feux ; furent seuls sauvés ceux qui possédaient les meilleures jambes.

Une demi-compagnie des Mont-Blanc et divers autres qui se trouvaient bloqués près de l'église, s'ouvrirent un passage à la bayonnette jusqu'à la sortie du bourg où ils rejoignirent la compagnie qui s'était postée dans un enclos. Le colonel donna alors le signal de la retraite. Cette brigade de six cents combattants, venait de soutenir le choc de la division allemande Franzeki, de midi à quatre heures ; nos pertes étaient considérables, mais celles de l'ennemi l'étaient bien davantage. Les Allobroges avaient perdu le lieutenant Jérôme Chaillier, le brave Joseph Rouge, Bossonnet, Lauda, Arnaud ; la Loire et les Enfants-Perdus, une partie de leur effectif : toutes les compagnies de la brigade furent atteintes, en revanche on fit des prisonniers.

La brigade semblant reprendre la route de Dijon, l'ennemi ne l'inquiéta pas. On entendait une formidable canonnade du côté de Dijon : c'étaient les pièces de Talant (françaises) et de Fontaines (prussiennes) qui donnaient ce redoutable concert.

Cependant il se faisait tard ; le colonel détacha une compagnie pour emmener les prisonniers à Dijon et la brigade gravit les hauteurs de Fontaine qu'occupait l'ennemi. Lorsqu'elle atteignit le plateau supérieur, la nuit était tombée, mais la lutte continuait ; l'artillerie, s'était tue des deux côtés, mais l'infanterie à ses pieds, dans le Val-Suzon, nous donnait un spectacle grandiose et les feux de salve ou à volonté se croisaient à assez courte distance.

Enfin, tout se tut dans la vallée ; autour de nous, cependant, les détonations crépitaient toujours ; on entendait les cris, les appels des blessés, la nuit était sombre et leurs plaintes émotionnant les âmes, on les cherchait à tâtons dans les buissons, autour des souches... Le combat avait dû être rude aussi sur ce point dans l'après-midi. Tout-à-coup, une fusillade éclata dans l'obscurité, en avant du front, en contre-bas et sur la droite ; sont-ce les nôtres, est-ce l'ennemi ? Des chasseurs en rampant vont jusqu'aux tirailleurs ; ils reviennent, c'est bien l'ennemi. Sans arrêt notre feu se dirige de ce côté, enfin il n'y est plus répondu ; on emporte ce que l'on peut de blessés et par la nuit de plus en plus noire, la brigade descend silencieusement des hauteurs et à onze heures, rentre à Dijon.

Outre les pertes en hommes, la journée avait été dure pour la brigade ; pendant quatre heures, à Mésigny, elle avait supporté le choc terrible des forces cinq ou six fois supérieures de Franzeki; les hommes n'avaient pris aucun aliment de la journée et en rentrant à Dijon à cette heure tardive, il était de toute impossibilité d'y pourvoir.

Dès le matin du 22, les hommes s'enquirent d'aliments ; il était temps, bien qu'ils eussent contracté l'habitude peu agréable de cette gymnastique qui consiste à sauter les repas à pieds joints. Le lieutenant Chavin parvint sous un déguisement à franchir les lignes allemandes et à rentrer dans Messigny à la recherche de nouvelles de nos manquants. Comme on procédait à l'enterrement des morts, il put reconnaître le sous-lieutenant Chaillier, des Alpes, dont les Allemands laissèrent passer le corps et qui fut transporté à Chambéry, puis Joseph Rouge, du Mont-Blanc, et Pansa, des Alpes, qui furent inhumés à Messigny ; dans sa visite à l'hôpital il retrouva nos blessés Bosonnet et les autres.

L'ennemi avait modifié son plan d'attaque. Dès le matin le combat battait son plein vers Plombières ; les mobilisés de Saône-et-Loire se battaient comme de vieilles troupes. De Dijon on apercevait leurs mouvements et l'on entendait les feux ; la brigade était sous les armes attendant l'ordre de marche. Vers dix heures elle prit la direction de Fontaine et fut placée en réserve ; elle put assister à la lutte qui se continua toute la journée et dont le succès s'affirma dans la soirée par la retraite de l'ennemi. Ce même jour on apprit le massacre de nos ambulances à Plombières et la mort héroïque de l'intrépide général Bossack-Hauké, commandant la 1re brigade de l'armée des Vosges qui en opérant une reconnaissance, rencontra une troupe de ulhans et se précipita sur eux le sabre au poing ainsi que son officier d'ordonnance et deux cavaliers d'escorte ; tous furent hâchés par les misérables qui eussent dû, eux soldats, respecter les corps de leurs vaincus et admirer leur sublime bravoure.

Mais ces sentiments-là n'étaient guère connus de l'armée allemande. Quand on apprit cette nouvelle, ce fut un cri de rage et d'indignation. Mais nous devions voir d'autres prouesses de ces barbares.

A la nuit close, les compagnies rentrèrent à Dijon.

Dans l'après-midi, c'est-à-dire après la retraite de l'ennemi, le général en chef, rentrant du champ de bataille fut l'objet de la part des habitants, d'une ovation dont l'enthousiasme tenait du délire. Les renforts ne cessaient d'arriver, c'étaient des bataillons de mobilisés mal armés et qui, sans ce capital défaut, eussent été une très grande force. Le courage ne manquait pas, mais — nous l'avons constaté — le seul fait d'être aussi mal équipés ôtait aux hommes toute confiance en eux-mêmes, ne leur laissant que l'appréhension, sentiment qui ne devrait jamais faire partie du bagage moral du soldat en campagne.

On eut ce soir-là des nouvelles du pays par notre ami Cl.-J. Piccot, de Lullin, qui se rendait à Langres portant des effets, du linge, à nos mobiles occupant cette ville.

Dans la nuit, l'ennemi avait opéré d'importants mouvements et changé son point d'attaque de l'ouest vers le nord, suivant le mouvement esquissé le 21.

Le 23, le soleil se montra le matin ; on apprit l'arrivée des mobilisés de la Haute-Savoie ; les chasseurs du Mont-Blanc après avoir accompagné à la gare le corps du lieutenant Challier allèrent déposer leurs armes et accoururent serrer les mains de leurs compatriotes arrivant de Beaune. Ce furent des étreintes, des joies réellement fraternelles pendant de trop courts instants, hélas !

A ce moment, le canon retentit; des obus tombaient sur la ville et le clairon de la 4e brigade appelait aux armes; tous accoururent et vinrent en hâte se réunir rue des Godrons, lieu d'appel. En quelques minutes, la Savoie fut réunie : puis le colonel arriva au galop : « Vos compagnies sont-elles prêtes, Michard ? demanda-t-il au commandant — Pas un ne manque, lui fut-il répondu. — En avant ! en avant ! » La brigade arriva à la porte Saint-Nicolas que l'on se hâtait de barricader; c'était une véritable confusion d'allants et venants. Le canon tonnait au bout du Champ de Mars sur lequel donnait la porte Saint-Nicolas, à laquelle aboutissaient les routes de Langres et de Gray; à droite du Champ de Mars, sur les hauteurs de Saint-Apollinaire, était placée une batterie française.

En débouchant sur le Champ de Mars, la brigade vit courir vers la ville des fuyards à la débandade, c'étaient des mobiles qui venaient d'abandonner leurs positions contre les talus du chemin de fer de Gray, à l'approche des colonnes ennemies débouchant de Messigny, de Morges et par la tranchée de la ligne du chemin de fer. Devant le château de Pouilly et dans le parc, la lutte était extrême, les compagnies de francs-tireurs se faisaient décimer, une batterie française était broyée dans le Champ de Mars, la batterie de Saint-Apollinaire, faisait cependant rude et bon travail, mais l'ennemi, en forces considérables, débordait de partout.

La brigade s'était rapidement déployée, sa droite à cheval sur la route de Langres et sa gauche sur celle de Morges ; l'ennemi venait d'installer une batterie au château de Pouilly, une des pièces était sur la route qu'elle balayait ; le feu était terrible, on voyait se fondre, pour ainsi dire — et le mot n'est pas trop fort — nos vaillantes compagnies de francs-tireurs qui ne bronchaient pas d'une semelle. Il en fut qui perdirent la moitié, les trois-quarts même de leur effectif, le Champ de Mars se couvrait de cadavres mais nul ne rompait ; cependant la ligne ennemie tendait à les envelopper.

A droite de la route, à un kilomètre environ de la porte Saint-Nicolas, se trouvait une petite usine de noir animal consistant en un bâtiment au fond de la cour à l'ouest ; un bâtiment d'habitation à l'entrée et dont la facade était au nord, sur la cour ; en face, une remise ; le tout ceint de murs de deux mètres d'élévation. Une porte de bois donnait accès dans cette cour ; à droite du bâtiment du fond, une poterne s'ouvrait sur les champs ; un peu plus loin, entre les champs et la ligne du chemin de fer se trouvait en contre-bas, une ancienne carrière de sable. Le colonel jeta dans cette usine le bataillon Allobroge (soit quatre compagnies, une seconde étant arrivée de l'Isère portant l'effectif à 317 hommes). Le premier soin de nos hommes fut de percer avec leurs bayonnettes, des trous dans les murs, ce qui était fort possible en raison de la matière qui les composait. Le colonel prit ses dispositions et distribua ainsi les combattants : *le Mont-Blanc* dans la cour ; au premier étage *les Alpes* ; dans les combles et galetas *l'Isère* ; puis il réunit les officiers près du puits qui existait au milieu de la cour. « Messieurs, c'est ici qu'il faut mourir ou remporter la plus étonnante victoire ; je vous connais, avec votre courage et du sang-froid, il nous reste une espérance. Quoiqu'il en soit, à mon commandement, que chaque officier observe ses hommes et tire sur le premier qui quitterait son poste par défaillance ; je connais nos braves, la recommandation peut être inutile ; je le répète, silence absolu et feu à mon commandement seulement, allez Messieurs. » Pas un n'avait pâli, pas une fibre de leur visage n'avait tressailli à cette communication du jeune colonel, du chef aimé et respecté.

Un chasseur du Mont-Blanc se souvenant de son histoire grecque, écrivit sur le panneau d'une porte : *Passant, va dire à la Savoie que ses fils sont morts, mais que pas un n'a fui.*

Le feu allait s'affaiblissant dans le parc et le Champs de Mars mais augmentait du côté de Fontaine ; les Prussiens avaient pivoté pour se jeter vers la porte Guillaume pensant ce point affaibli par l'envoi des forces vers Pouilly, mais ils furent trompés dans leurs calculs : de là le combat de Fontaine.

De l'usine, on pouvait constater que les compagnies de francs-tireurs tenaient toujours mais que malheureusement, il y avait plus d'hommes à terre que de combattants ; la garde royale, s'avançant en demi-cercle, allait les entourer quand ils se retirèrent sur Saint-Apollinaire.

L'usine était enveloppée, sauf du côté de la ville qui bientôt fut occupé aussi ; le colonel suivait ce mouvement avec la plus profonde attention ; dès que le cercle de fer fut fermé, les Allemands poussèrent un hurrah formidable. Ces corps, 61e, 42e, 50e et 47e, si nous nous rappelons bien, étaient ces redoutables Poméraniens, les premiers soldats de la Prusse.

Après leur hurrah, ils s'élancèrent pour l'assaut ; les chasseurs, muets, attendaient de pied ferme, le doigt sur la gachette ; le colonel, au milieu de la cour, levant son sabre, cria : Vive la France, vive la République ! Feu !

De mémoire de soldat, jamais crépitement pareil ne s'entendit, les rangs allemands ondulèrent comme des blés sous la faux, plus de la moitié des premiers rangs tombèrent. Cependant, des ennemis atteignirent les murs, la porte d'entrée en planches et la petite poterne donnant sur les champs, tandis que *les Alpes* et *l'Isère* n'arrêtaient pas leur feu, *le Mont-Blanc*, dans la cour, bouchoyait de la bayonnette les audacieux qui avaient pénétré. Nous ne passerons pas sous silence l'héroïque défense de la petite poterne dont nous avons parlé, par le chasseur Jules Deschamps, du *Mont-Blanc*, qui, à lui seul, l'encombra de cadavres ennemis. Les Allemands se jetèrent en contre-bas dans la sablière, pour se reformer. L'usine était muette, le parfait silence s'y était rétabli.

Les Allemands avaient laissé sur le champ de bataille le drapeau du 61e, le drapeau royal ; il fallait qu'il fut relevé ; les chasseurs l'avaient vu flotter, mais ne savaient pas qu'il fût resté sur le terrain.

Les ennemis se ruèrent à nouveau sur l'usine, cette fois, c'était de la rage, le cratère se rouvrit tout-à-coup ; le drapeau se relevait, retombait, se relevait encore, quand retentit cet ordre : *Mont-Blanc*, au drapeau, à la bayonnette !

Par la petite poterne, une section de la compagnie se jeta dehors ; autour du drapeau, les combattants s'éclaircissaient, ils le défendaient avec une bravoure qui fait encore notre admiration ; pendant que le feu continuait sans trève ni merci, que les héroïques Deschamps, Carrier, Revuz et d'autres dont les noms nous échappent, bouchoyaient de la bayonnette, le chasseur Victor Curtat arrachait le drapeau et l'apportait à l'usine. Une balle allemande coupant le col de sa tunique, cassa la hampe du drapeau qui n'en rentra pas moins, vaincu, dans l'usine ; les derniers survivants allemands de cette lutte homérique se retirèrent dans la sablière, ils restaient trente-un !

Le général Garibaldi entrait à ce moment dans la cour de l'usine : « Mon père, dit le colonel, je vous présente ce drapeau, conquis par vos braves, ce trophée de leur victoire. — Mes héros, répondit le général, vous avez encore une fois bien mérité de la Patrie ! » et il se retira avec son état-major, emportant le trophée. Dijon était sauvé !

Nous serions coupables si nous ne rendions hommage au courage, à la vaillance dont nos ennemis donnèrent de si éclatantes preuves dans cette attaque et pour la défense de leur drapeau ; le petit nombre de survivants l'affirme assez haut.

Le feu avait cessé, il était quatre heures ; la 4e brigade avait trois tués et dix-sept blessés.

« *Y a fait chaud, hui !* » (il a fait chaud aujourd'hui) dit Carrier en s'épongeant le front ; il avait fait sa tâche, le bon colosse.

Le général Garibaldi fit porter le drapeau conquis et le fanion du Mont-Blanc par l'état-major au quartier général ; ils traversèrent la place de la préfecture aux applaudissements délirants de la population et des troupes.

Faible compensation pour tous ceux qu'un traître et félon avait livrés à Metz sans combat.

Craignant un retour offensif, les compagnies restèrent à l'usine, les grand'gardes furent placées et la nuit venue, des rondes et des patrouilles fréquentes parcoururent les alentours ; le calme le plus profond avait succédé à l'effroyable tempête.

Dans la nuit, une ronde visitait le château de Pouilly, abandonné, lorsque nos francs-tireurs furent frappés d'horreur en découvrant le cadavre d'un capitaine brûlé vif.

Nous allons laisser parler un neutre [1], un Anglais :

« Je sors à l'instant d'un des hôpitaux de Dijon où j'ai vu un spectacle si révoltant que je suis encore à me demander : est-ce un rêve ? Nous savons bien que les Prussiens sont capables des faits les plus barbares, mais, ici même, personne n'a pu croire qu'ils pouvaient être capables d'un crime comme celui dont on va lire les détails : le 23 on s'est battu tout autour et dans le château de Pouilly. L'ennemi prit un capitaine de francs-tireurs et dix hommes de sa compagnie. Se trouvant forcés de battre en retraite, les Prussiens n'hésitèrent pas à passer ces dix hommes par les armes pour éviter de les emmener ; quant au pauvre capitaine, on le réserva pour les raffinements les plus horribles de leur cruauté...

« On le conduisit au château de Pouilly (il était blessé). Là, on lui lia les mains et on le suspendit à une poutre par les poignets. Pour ajouter à ces tortures, il avait eu les muscles de l'épaule déchirés par un éclat d'obus. On peut se figurer les angoisses qu'a dû produire, l'extension des nerfs meurtris : vous frémissez d'indignation, mais attendez. Les Prussiens ramassèrent de la paille, du bois, tous les combustibles qu'ils trouvèrent sous la main, en entourèrent le patient et y mirent le feu. Pendant combien de temps ont duré ses souffrances ? Je ne pourrais le dire, mais on voit, aux contorsions du cadavre qu'elles ont été longues. Tous les habitants de Dijon peuvent attester l'exactitude de ces détails. »

Au su de cette épouvantable découverte, il est plus que probable que si les prisonniers de l'usine n'eussent été évacués sur Dijon, pas un n'eut échappé à la mort, il eut été impossible aux officiers de contenir leurs hommes.

Cette nuit fut cruelle, nul ne put fermer les yeux ; on couchait entouré de cadavres entre lesquels on ne pouvait faire trois pas sans trébucher. Enfin, des vivres arrivèrent de Dijon au milieu de la nuit, les hommes purent se réconforter ; le lendemain les compagnies rentrèrent à Dijon, acclamées par les habitants.

Le soir on apprit l'armistice ne concernant pas l'armée des Vosges.

Une panique s'étant produite à un moment donné parmi les

1. Des : *Histoire de la Guerre de 1870-71.*

mobilisés de la veille, le général Pellissier crut devoir faire afficher une proclamation de flétrissure contre ces malheureux qui, ainsi que nous l'avons dit plus haut, avec les « outils » qu'ils avaient en fait d'armes étaient loin d'avoir confiance en des chefs improvisés, inexpérimentés, n'ayant même pas les connaissances d'un soldat de trois mois et s'étaient laissés entraîner à la débandade.

Les officiers et les soldats des deux compagnies des Alpes et du Mont-Blanc se sentirent blessés, l'injure leur tombait sur la face ; les officiers, le commandant Michard en tête allèrent demander une explication au général en chef et protester contre un acte qu'ils considéraient à juste titre comme une insulte à la Savoie.

Le général en chef déclara ignorer cette proclamation et manda sur l'heure le général Pellissier auquel il demanda compte de cet affichage ; celui-ci en revendiqua hautement la responsabilité.

Les officiers savoyards, contenus par la discipline, n'osaient parler devant le général en chef, mais leurs regards étincelants fixés sur le général Pellissier, disaient assez leur indignation.

Le général Garibaldi prit la parole : « Général, — dit-il, en regardant fièrement aussi le général Pellissier, — les Savoyards sont les enfants de huit siècles de gloire ; ils ont le droit de regarder avec fierté leur histoire car la bravoure et l'honneur sont inscrits à toutes les pages. Ils viennent d'écrire la dernière pour la France, avec leur propre sang et ils ont le droit et le devoir de le rappeler à ceux qui l'oublient. » Puis, se tournant vers les officiers : « Oui, soyez fiers de votre pays, de son honneur, comme je suis fier de vous. Je vous redis, Messieurs, que durant toute cette guerre et hier encore, comme avant, comme toujours, vous avez bien mérité de la France et de la République. »

Les officiers étaient émus aux larmes, ils pleuraient eux qui ne pâlissaient point devant la mort ; le général Pellissier voulut bien leur adresser des éloges et leur déclara qu'il n'avait pas eu en vue la Savoie dont il était le premier à reconnaître la valeur militaire, etc. ; puis se retira. Les officiers remercièrent avec une indicible effusion l'illustre Garibaldi qui leur dit en leur serrant la main : « Que la France n'a-t-elle une armée de soldats tels que vous ! A bientôt, mes braves amis. »

Ces Messieurs se retirèrent, ils étaient vengés !

Qu'allait-il advenir de la nouvelle situation, de l'armistice ?

Nul ne le savait et chaque jour qui s'écoulait n'apportait aucun éclaircissement à cette énigme; on faisait des reconnaissances, l'ennemi se maintenait dans ses lignes, les Français dans les leurs et ainsi jusqu'au 31 janvier où l'on apprit la stupéfiante nouvelle de l'évacuation de Dijon, par ordre du gouvernement français.

Le 2 février, à sept heures du soir, la 4e brigade quittait Dijon la dernière, les compagnies de Savoie formant l'arrière-garde. Les Prussiens étaient là, ils entraient par la porte Saint-Nicolas avant que nous n'eussions franchi celle de Saint-Pierre pour prendre la route de Seurre ; les nôtres ne pouvaient se résoudre à l'abandon d'une ville qu'une victoire de trois jours leur avait rendue chère. Pauvre, pauvre France ! disaient nos volontaires et ils se fussent avec joie retournés contre l'ennemi pour se mesurer une dernière fois avec lui. « *Ah !* — disait Carrier, le colosse, — *si de pouvo en étranglia dou u trê devant que modô !* » (si je pouvais en étrangler deux ou trois avant de partir !)

Il fallut se mettre en route, la retraite !... on marcha une grande partie de la nuit, le matin le soleil parut radieux : un grand cri s'éleva des rangs de la compagnie de la Haute-Savoie et des camarades des Alpes, tandis que s'agitaient les képis des uns et les chapeaux des autres : le Mont-Blanc ! Tout là-bas, dans l'embellie d'une étincelante matinée, il semblait, le géant des Alpes, sourire à ses fils et leur dire : enfants, je suis content de vous !

L'émotion était générale, le colonel lui-même et toute la brigade qui aimait les compagnies de Savoie, en ressentirent l'impression ; Carrier pleurait à chaudes larmes, dame, c'est qu'il était de Chamonix, ce brave Marc.

La brigade atteignit Seurre, où elle passa agréablement la nuit, et le lendemain elle se dirigea sur Verdun où les vivres manquèrent ; dans cette « retraite » la faim suivait les compagnies. Enfin, on arriva à Chalon-sur-Saône.

Le quartier général s'était établi provisoirement en cette ville, le général avait fixé sa résidence au château de Courcelles.

L'armée des Vosges non entamée était la dernière que possédât la France, nos volontaires avaient conscience de cette situation, aussi attendait-on impatiemment l'expiration de l'armistice.

Deux brigades de l'armée des Vosges étaient à Chalon, de nombreux corps de l'armée de l'Est vinrent les rejoindre;

Chalon ressemblait à une immense caserne réunissant tous les corps.

Les compagnies *Alpes* et *Mont-Blanc* avaient reçu comme casernement les locaux d'une maison de banque allemande du nom de Hauthmorth et Cie, dont nos volontaires avaient fait : « Eau morte et scie. » Les habitants tenaient à avoir des hommes de la 4e brigade de préférence, il résulta que tous furent logés chez les bons habitants de Chalon, nos excellents voisins.

L'un des hommes du *Mont-Blanc*, le chasseur Armand, originaire de Nantua (Ain), avait été blessé à l'épaule au combat du 23 et pour ne pas être séparé de sa compagnie, il avait refusé de rester à l'hôpital et par suite des souffrances physiques endurées pendant ce rude hiver, il succomba à Chalon. Il fallut employer les bons offices de M. Ch. Boisset, maire de la ville pour obtenir un drap mortuaire. On ne put obtenir celui de l'église, on prit celui du pasteur protestant. Pourquoi cet ostracisme, cette mauvaise volonté de l'autorité ecclésiastique de Chalon, direz-vous ? Eh ! parbleu, parce que c'était un garibaldien.

Toute la brigade assista en armes à ses funérailles.

En attendant, les compagnies de la brigade se livraient chaque jour à des exercices de tir ou à des marches militaires, se préparant ainsi à tout événement ; dans l'un de ces exercices, concours entre les compagnies de la brigade, la cote de moyenneté des compagnies s'éleva au 67 °/₀, le bataillon Allobroge alla à 83 °/₀ : « Toujours en tête », dit le colonel.

Les élections eurent lieu ; les compagnies devant voter, les deux Savoie eurent leurs réunions préparatoires. Dans ces assemblées on n'écoutait que les orateurs préconisant la continuation de la lutte. Hélas ! on ne connaissait pas la situation de la France. Les résultats des élections furent proclamés ; le général en chef Garibaldi avait été nommé par plusieurs départements. Alors commencèrent ces haines inextinguibles de toutes les réactions contre le grand homme qui avait offert à la France en détresse, son épée, son cœur, son sang, celui de ses fils, la vie de tous les siens. Elles s'affirmèrent par des diatribes, de lâches calomnies non seulement contre le vieux et illustre général, mais aussi contre son armée. La compagnie des chasseurs du Mont-Blanc ne fut pas épargnée, même en son département, par ces hommes du passé, véritables « sans-patrie » qui étaient restés les pieds sur les chenets en ces temps angoissants tandis que nos volontaires, nus et souvent sans vivres, dans la neige, affrontaient ennemis et souffrances pour défendre un sol dont la plupart ne possédaient pas un sillon.

Nous nous arrêtons, nous nous sommes promis de n'écrire ici que l'histoire de la seule compagnie du Mont-Blanc.

Au résultat général des élections, on comprit que désormais, la guerre était bien finie. Le chef de la 4e brigade, récemment promu général, prévoyant un prochain licenciement, passa en revue sa brigade puis les officiers se réunirent et votèrent une adresse au général Garibaldi ; le texte de cette adresse a été publié dans toutes les histoires de l'armée des Vosges, vu l'exiguité de ce récit, nous nous abstenons de le reproduire. Le lendemain, Ricciotti présentait au général en chef, son père, au château de Courcelles, les officiers de la 4e brigade ; ceux-ci garderont à jamais le souvenir de cette entrevue.

Le surlendemain, le général faisait ses adieux à son armée et prenait le train pour Bordeaux, acclamé avec enthousiame par ses soldats et les populations. Au dernier moment, il dit, en saluant : « *Amore di Amore si paga !* » Ce furent les dernières paroles qu'entendirent ses braves, comme il se plaisait à les appeler.

Ils ne devaient plus le revoir. Et lui s'en allait à Bordeaux recevoir de l'Assemblée nationale la récompense que l'on sait, que l'histoire a enregistrée, boire enfin son calice d'amertume jusqu'à la lie... Oubliera qui pourra.

Un peu après l'arrivée de la brigade à Chalon, la compagnie du Mont-Blanc avait reçu du Comité des Dames de la Haute-Savoie, par les soins de « la Mère », l'inoubliable Mme Jules Philippe, et sous la conduite de M. Ernest Guy, des effets d'habillement, du linge, etc. Ce fut une manne bienfaisante, la compagnie était dans un état de délabrement à faire pitié à Job lui-même ! Aussi adressa-t-elle à ses bienfaitrices une lettre que tous se bousculaient pour signer ; elle était cependant bien courte la pauvre lettre : « Mère et mères, disait-elle, sœurs, amies, vous toutes, femmes de notre cher pays, merci, merci ! » pas une signature ne manqua.

Le 16 mars, la brigade recevait l'ordre de désarmement dans Chalon ; il fallait rendre ces armes dont nos volontaires avaient fait si bon usage ; ils eussent dû les rendre dans les chefs-lieux de département où elles leur avaient été confiées, mais la réaction commençait ; au reste, les hommes n'avaient plus qu'une pensée, le pays, la bonne vieille Savoie, la famille, le repos.

L'amiral Penhoat qui avait succédé à Garibaldi, adressa à l'armée des Vosges une proclamation qui passa presque inaperçue et le jour même, toute cette armée, partant dans toutes les directions, se dispersait dans un dernier cri : Vive la France! vive la République! vive l'Avenir! » A Mâcon, un poste de gendarmerie, sous les ordres d'un commandant de cette arme, dépouilla les hommes des souvenirs qu'ils emportaient : casques, sabres ou fusils pris à l'ennemi. Ces dépouilles leur étaient chères et une échauffourée allant inévitablement se produire, le lieutenant du Mont-Blanc courut au quartier général et revint peu après, apportant l'ordre de l'amiral de rendre ces objets à leurs propriétaires.

Le commandant Michard et le capitaine Tappaz s'étant rendus à Bordeaux, au ministère, le capitaine Bally et le lieutenant du Mont-Blanc présidèrent au rapatriement des deux compagnies qui se séparèrent à Aix-les-Bains, après un vin d'honneur offert par la municipalité. Cette séparation n'eut pas lieu sans cordiaux élans et promesses d'éternelle amitié et fraternité.

Le lendemain, la compagnie du Mont-Blanc, reçue à la gare par M. Camille Dunant, conseiller de préfecture, faisait son entrée à Annecy dans un calme absolu. Avant de rompre les rangs, la compagnie alla saluer « la Mère » Mme Jules Philippe et lui exprimer de vive voix ses sentiments de gratitude et de profonde reconnaissance. Dans l'après-midi, un bon dîner qu'elle voulut bien présider et auquel assistait le Comité des Dames, réconforta nos volontaires. Des paroles qui allaient au cœur de tous furent prononcées, on but à la mémoire des nôtres qui reposaient dans la terre de France qu'ils avaient si bien défendue, à la France de l'avenir, à la perpétuité de la République, pour la réparation de nos désastres du présent et la reprise de son glorieux rang dans le monde.

Plusieurs familles étaient venues recevoir les leurs à Annecy, chacun se dispersa, se donnant rendez-vous à l'appel de neuf heures le lendemain, pour prendre la route de Bonneville où devait avoir lieu la dislocation.

A l'heure indiquée, la compagnie était réunie et prenait la direction de Bonneville, cette fois, dans des véhicules que les habitants d'Annecy avaient mis à la disposition de nos francs-tireurs.

A l'arrivée à La Roche, une bienvenue leur fut offerte, puis ils se remirent gaîment en route, heureux de revoir leurs montagnes et de fouler la terre des aïeux. Au bas de la montée de La Roche, la compagnie se trouva devant une partie de la population de Bonneville venue au devant d'elle, musique en tête, un petit bataillon ayant le titre de « Vengeurs du Mont-Blanc » portant des fleurs, des palmes, etc.

Hélas! l'heure n'était guère aux entrées triomphales, la France vaincue, meurtrie, sanglante, était devenue la proie de deux vautours impitoyables : l'ennemi et la réaction ; mais nos volontaires furent heureux néanmoins de ces témoignages de leurs chers compatriotes de Bonneville qui leur prouvaient ainsi qu'ils étaient fiers de leur compagnie.

A Bonneville, la foule était compacte ; les familles, les amis attendaient, cependant les rangs ne furent pas rompus ; la compagnie, comme au départ, vint se ranger devant l'hôtel-de-ville. Les autorités, la foule emplissaient de nouveau la place ; le lieutenant, remplaçant le capitaine absent, s'avança devant les autorités et dit :

« Magistrats et chers concitoyens, voici la compagnie des Francs-Tireurs du Mont-Blanc qui s'est formée sous vos auspices. Elle tient à déclarer par mon organe qu'elle a accompli le serment à vous fait lors de son départ ; elle a conscience d'avoir fait son devoir, tout son devoir. Hélas ! tous ne reviennent pas, ils sont tombés là-bas, devant l'ennemi ; la terre de France, pour la défense de laquelle ils sont glorieusement tombés, garde leurs chères dépouilles. O vous qui les pleurez, consolez-vous en songeant qu'ils sont morts comme mouraient les aïeux, pour notre France, pour son indépendance ! Gardons leur souvenir en nos cœurs et rappelons leur mémoire à ceux qui nous suivront.

« Femmes de Faucigny, voici le guidon que vous nous confiâtes au départ, avec vos bénédictions, il nous a guidés, réconfortés ; il nous souriait durant les jours d'absence et de combats ; il fortifiait nos cœurs en leur parlant de vous. Nous n'eussions certes jamais osé penser qu'il aurait, lui, le grand petit, la gloire de faire prisonnier l'orgueilleux drapeau de la garde royale de Prusse.

« Dans la joie du retour et le salut à nos frères qui dorment là-bas, nous nous unissons à vous, chers compatriotes, dans ce cri qui, nous l'espérons, sera à jamais le nôtre, le vôtre, celui de nos descendants en ce cher pays : Vive la France ! Vive la République ! »

On entendait les sanglots des familles de ceux qui, hélas!

ne revenaient pas et dont les regards obscurcis par les larmes cherchaient dans les rangs la place des chers disparus.

M. François Dumont, entouré du Conseil municipal et des membres du Comité d'organisation, reçut le drapeau et, dans une allocution d'une patriotique et touchante éloquence, salua la compagnie au nom du pays et glorifia ce noble petit drapeau désormais historique que la cité saura garder religieusement, comme un glorieux souvenir. Dans une péroraison d'une haute envolée, il envoya le salut de la Savoie à ses enfants morts au champ d'honneur.

Ces instants-là demeurent gravés à jamais dans le cœur de ceux qui les vivent.

La journée s'écoula dans la joie du retour et s'acheva en un banquet offert aux volontaires par la municipalité.

Le lendemain, le dernier appel réunit une fois encore les Francs-Tireurs du Mont Blanc et la compagnie entendit prononcer la dissolution. Un dernier repas réunit tous ces braves dont les cœurs battaient d'émotion à l'idée de se séparer. Dans une dernière étreinte, ils poussèrent encore le cri de leurs âmes : Vive la France ! Vive la République ! et chacun prit la direction de sa demeure.

A quelques jours de là, le général Ricciotti, ne voulant pas quitter la France sans revoir ses Francs-Tireurs du Mont-Blanc, vint à Bonneville, accompagné du commandant Michard et du capitaine Tappaz. Le plus grand nombre des volontaires accoururent pour recevoir le général, revoir encore leur affectionné colonel qui les avait conduits à des combats toujours heureux.

Son arrivée fut un vrai triomphe ; il fut reçu à l'entrée de la ville par toutes les autorités et escorté jusqu'à l'hôtel-de-ville par toute la population, aux cris de : Vive la République ! Vive Garibaldi !

Un grand banquet fut donné le soir en son honneur et tous les Francs-Tireurs du Mont-Blanc présents y assistèrent.

Après le départ du général, tout rentra dans le calme et... la paix (de Bordeaux).

Réunis à Bordeaux, les députés déclarèrent que les Francs-Tireurs du Mont-Blanc avaient bien mérité de la Patrie.

Les compagnies de volontaires savoyards ne pouvaient attendre une plus haute récompense.

CONCLUSION.

Telle est l'histoire de la compagnie des Francs-Tireurs du Mont-Blanc et de la part qu'elle a prise à cette guerre néfaste.

Certes, la compagnie des Chasseurs des Alpes avait déjà à son actif, à l'arrivée du « Mont-Blanc », qu'elle avait précédé dans les Vosges, de nombreux combats où elle avait établi, soutenu pour mieux dire, la réputation de bravoure des soldats savoyards : Gray, Pasques, Lanthenay, Châtillon, Talant, Autun.

Si, à leur très grand regret, les Francs-Tireurs du Mont-Blanc n'arrivèrent pas plus tôt pour combattre coude à coude avec leurs frères, il faut en accuser la lenteur de leur équipement causée par la pénurie d'armes où se trouvait en ce moment-là la France.

La profonde amitié qui unit ces deux compagnies sous un même chef, l'héroïque commandant Michard, fit un même corps, une famille pour mieux dire de ces enfants de la vieille Savoie, parlant ensemble le patois de leurs montagnes, se connaissant et s'aimant.

La tâche des chefs fut facile, douce même ; jamais il n'y eut lieu de sévir, tous donnèrent l'exemple de la plus absolue discipline ; les lettres des municipalités où ils séjournèrent et passèrent, — et qui sont aux préfectures des deux départements, — donnent une haute preuve de leur parfaite conduite. Honnêtes et probes autant qu'ils furent braves au combat, disciplinés et vaillants toujours, tels furent les volontaires savoyards.

C'est par cet éloge, par ce témoignage, que nous sommes aussi fier qu'heureux d'attester, que nous terminons ce récit.

COMPAGNIE DES FRANCS-TIREURS DU MONT-BLANC

GRADES	NOMS ET PRÉNOMS	COMMUNES D'ORIGINE
Commandant	MICHARD Louis [1]	Chambéry
Capitaine	TAPPAZ Léon	Bonneville
Lieutenant	MOGENIER Joseph	Taninges
Sous-lieutenants	CHAVIN François	Bonneville
	CHAPUIS Hippolyte	Annecy
Adjudant	CLERC François [2]	Sallanches
Sergent-major	GUILLERMIN Louis	Bonneville
Sergent-fourrier	DUBOULOZ François	Annecy
Sergents	PACCOT Joseph	Boëge
	ROSSET Edouard	St-Gervais-les-Bains
	DUNAND Jean	Thonon
	BALLY Ajax	Bonneville
	REVIL	Annecy
Caporal-fourrier	GUY Jules	Bonneville
Caporaux	MONTANT Jean-Pierre	Taninges
	LAPOIRRE Jules	Annecy
	BARBIER Pierre [3]	St-Julien-en-Genevois
	JACQUEMOUD Charles	Contamines (St-Gerv.)
	ANTHONIOZ Michel	Les Gets (Taninges)
	ALMÉRAZ Antoine	Bonneville
	GENOUX Joseph	Cluses
	VEYRAT Adolphe	Bonneville
	JACQUIER Alexandre	Id.
Clairons	GRENAT Jean [4]	Abondance
	ROUGE François	Taninges
	SEITIER François	Moûtiers
Chasseurs	COLLOMB Joseph	Alby
	CLARET Joseph	St-Julien-en-Genevois
	REINIER Joseph	Alby
	MASSON Jean	Id.
	EXERTIER [5]	Id.
	FRANCOZ Joseph	Rumilly
	CHALLIER Charles	Annecy
	REPLAT Léon	Id.
	ROBERT Nestor	Id.
	CURTAT Victor [6]	Id.
	RICHARD-CUGNET Léon	Thônes
	GIROD Eugène	Grand-Bornand
	PROBUS Paul	Thorens
	ROSNOBLET Jean	La Roche
	DUNANT Jean	Id.
	BEAUTET Joseph	Passeirier (La Roche)
	TERRIER François	Id.
	GANTIN Louis	St-Pierre-de-Rumilly
	DONAT-ROGAZZI Joseph	Id.
	CINQUIN Alfred	Bonneville
	BERTHET Jean	Id.
	MONTESSUIT Célestin	Id.
	ROUGE Joseph	Id.
	DONAT Isidore	Id.

1. Commandant Alpes et Mont-Blanc.
2. Passé au service des ambulances.
3. Blessé à Dijon d'un coup de feu à la jambe.
4. Passé dans un régiment de marche (ligne).
5. Renvoyé chez lui malade.
6. Victor Curtat s'empara du drapeau du 61e régiment poméranien. Ce drapeau, après beaucoup de péripéties, a fini par être déposé dans la chapelle des Invalides, à Paris, où il flotte depuis quelques années. — C. D.

GRADES	NOMS ET PRÉNOMS	COMMUNES D'ORIGINE
	SANDRIN John	Bonneville
	DZILINKI Stanislas [1]	Id.
	JOLY Albert	Annecy
	VUAGNAT François	Ayze (Bonneville)
	DONAT-MAGNIN Eugène	Id.
	CHEVRIER Louis	Id.
	PETTELAZ Louis	Brison (Id.)
	BOISSIER François	Mont-Saxonnex
	CAUX Joseph	Scionzier (Cluses)
	DESBIOLLES Auguste	Id.
	BOUVIER Victor	Cluses
	CHRISTIN Joseph	Sallanches
	PARENT Joseph	Contamines (St-Gerv.)
	BOUVARD François	Id.
	PERRAUD Jules	St-Gervais-les-Bains
	HOFFSTELTER Raymond	Servoz (Chamonix)
	DESCHAMPS Jules	Id.
	CARRIER Marc	Chamonix
	BIORD Eugène	Samoëns
	TAVERNIER Marie [2]	Id.
	GINDRE Adelin	Id.
	DENARIÉ Auguste [3]	Taninges
	BOSONNET Jules	Id.
	VIGNY Louis	Id.
	REVUZ Antoine	Id.
	ROUGE Jean	Id.
Chasseurs	GRANGE Jean	Id.
	GRANGE Adrien	Id.
	BURTIN François	Id.
	DEROUT Claude	Les Gets (Taninges)
	BLANC François	Id.
	JULLIARD Jean	Mieussy
	DUFRÊNE Louis	Saint-Jeoire
	NANTERNE Auguste	Id.
	CHARDON Eugène	Boëge
	MOREL François	Id.
	DUVILLARD Alexandre	Id.
	BOZON (dit Kiki) Joseph	Id.
	BARBERO Eugène	Thonon
	DUBOULOZ Emile	Le Biot
	POLLIENNE [4]	Evian
	COMPAGNON Louis	St-Julien-en-Genevois
	BOYMOND Eugène	Thairy
	SAVIOZ	Saint-Julien
	MATHERON	Id.
	BACHET Joseph	Id.
	HUNTY Frédéric	Neuchâtel
	ARMAND Jules	Nantua (Ain)
	MESSIN Ernest	Arbois (Jura)
	MENALDO Joseph	Suze
	DIGARD Jean	Moûtiers
	DIRING	Finlande
	SALLAZ [5]	Frangy
	ARMAND Jean-Marie	St-Julien-en-Genevois

1. Passé aux éclaireurs à cheval.
2. Quitte le camp à Autun (malade).
3. Renvoyé malade chez lui.
4. Quitte le camp ne pouvant pas suivre.
5. Renvoyé ne pouvant suivre.

Nous ne saurions terminer ce récit de la campagne des Francs-Tireurs du Mont-Blanc sans donner ici les noms des bons et dignes citoyens qui composèrent le comité de création de cette compagnie, et qui, par leurs efforts et leur dévouement, ont pris une large part à l'action, — dans cette inoubliable guerre — de la petite légion créée sous leurs auspices.

MM. Jules Philippe, préfet de la Haute-Savoie ;
F. Dumont, pharmacien à Bonneville, président ;
Pierre Clerc, maître d'hôtel à Bonneville ;
Constant Orsat, avoué à Bonneville ;
Albert Ducroz, avoué à Bonneville (depuis député) ;
Warchex, avocat à Bonneville ;
Blanc, avocat à Bonneville ;
Perrody, entrepreneur à Bonneville ;
J.-B. Collin, maître-charpentier à Bonneville ;
Buttin, agent d'affaires à Annecy ;
L'Heureux, ingénieur à Annecy ;
Inversin, horticulteur à Annecy.

Nous n'oublierons pas Mmes Jules Philippe, Dubouloz, Déléan, Brunier et toutes les dames composant le Comité des Dames d'Annecy, que nous voudrions nommer ici et dont les secours furent si précieux à nos volontaires durant le rude hiver de l'Année terrible.

A elles aussi l'inoubliable et reconnaissant souvenir.

APPENDICE.

La commune de Saint-Julien-en-Genevois (Haute-Savoie) a fourni six volontaires à la compagnie des *Francs-Tireurs du Mont-Blanc*.

Barbier Pierre-André-François-Bernard, né le 2 août 1849, fils cadet de M. André Barbier, chevalier des SS. Maurice et Lazare, plusieurs fois syndic de Saint-Julien et chef incontesté et considéré du parti libéral avant l'Annexion.

Pierre Barbier, caporal des Francs-Tireurs, eut la jambe traversée par une balle, à Dijon, en janvier 1871. Rentré dans ses foyers, il était notaire à Saint-Julien, lorsqu'il mourut des suites d'une chute de cheval, le 29 juin 1880, regretté et pleuré par toute la population, dont il était l'enfant gâté.

Claret Jean-Marie-Joseph, né à Saint-Julien, le 24 février 1845, décédé le 29 novembre 1890.

Armand Jean-Marie, né à Saint-Julien, le 22 janvier 1844, décédé le 4 avril 1887, victime d'un drame de famille.

Compagnon Louis, né à Saint-Julien, le 2 mai 1845, décédé à Paris vers 1880.

Bachex François-Joseph, né à Saint-Julien, le 13 novembre 1840 ; seul survivant des francs-tireurs de Saint-Julien. Il eut l'heureuse chance de retrouver à Chalon-sur-Saône, un frère de son père, parti très jeune pour la France, et n'ayant jamais donné de ses nouvelles. Cet oncle, que l'on croyait mort depuis longtemps, avait amassé une petite fortune, à force de travail et d'économie. La famille Bachex, de Saint-Julien, en hérita quelques années plus tard.

Matheron, fils d'un ancien percepteur de Saint-Julien. — C. D.

7398. — Annecy. Imprimerie Abry.

1 28

www.ingramcontent.com/pod-product-compliance
Ingram Content Group UK Ltd.
Pitfield, Milton Keynes, MK11 3LW, UK
UKHW021011180726
13838UKWH00004B/1514

9 782019 923921